新3観点対応の**106**の実例を収録！

ワークシート&テストづくり
完全ガイドブック

菅　正隆 著

小学校

外国語

明治図書

はじめに

　教師は，日々授業とともに，多くのワークシート（worksheet）やテスト（test）を作成している。その量たるや，ビジネスマンの企画書や資料，はたまた決算書の比ではない。フォーマットも先輩の教師に教えてもらった伝統の形から，自分自身で生み出したものまでさまざまである。教師は日々思考し，その深部にあるアイデアや閃きをこのワークシートやテストに具現化している。その考えの元となっているのが，日々接している子どもや授業の流れである。したがって，教師のワークシートやテストづくりは，匠の技と言ってもよいほどである。一朝一夕にはできない。新規採用者や，民間企業転職組の作るワークシートやテストは完成度が高くないとよく言われるが，このことには納得できる。

　特に，教科「外国語」においては，単に道具としての英語を一方的に教えようとするワークシートやテストでは，使用することに危険を孕んでいる。これは，市販の教材なども同様である。つまり，紙一枚で英語嫌いを生み出すことにもつながりかねない。常にアンテナを高く上げ，子どもの状況を把握し，試行錯誤しながら作成することが重要である。私の経験でも，作成中に軌道修正したり，印刷途中で廃棄したりを数百回繰り返したことがある。これは子ども達の顔を脳裏に浮かべたり，授業中の子ども達の所作振る舞いを思い出したりしながら，少しでも子ども達に抵抗なく英語が受け入れられ，そして，英語力が身に付くことを願うあまりの行動であった。しかし，そのために恐ろしいほどの紙が藻屑と消えてしまった。今はそんな時代でもない。考え方は同じだとしても，紙一枚も貴重である。効果があり，効率のよいワークシートやテスト作りが求められる。そんな思いから本書は出来上がった。

　本書の作成にあたり，重視したワークシートやテストの作成ポイントは以下の通りである。

　・見た目のやさしさ。（難しいと思わせない工夫）

　・問題数の適量さ。（抵抗感を芽生えさせない量の工夫）

　・問題内容の適切さ。（嫌気を感じさせない内容の工夫）

　・適切な文字のフォントやポイント。（抵抗を感じさせない文字の工夫）

　・積極的に取り組む問題。（楽しく取り組ませる問題の工夫）

　もちろん，これらがすべてではない。これらを参考に，教師自らが，日々目にしている子ども達に合わせて改善していただけたら，さらに匠への近道になるであろう。そして，多忙な教師が，短時間で効果的なワークシートやテストを作成できるようになることを願っている。

　最後に，本書を，既刊の『指導要録記入例＆通知表文例が満載！小学校外国語新３観点の評価づくり完全ガイドブック』（明治図書）とともに活用いただき，子どもの英語力向上のため，そして教師の指導力向上のためにも，お使いいただければ幸いである。

　2020年７月　　　　　　　　　　　　　　　　　　　　　　　　　　　　菅　正隆

本書の使い方

　本書は，教科「外国語」の日々の授業において使用するワークシートやテストを単元ごとにまとめたものである。また，これらを基に，効果的なワークシートやテストを作成したり，効率よく使用できるワークシートやテストを創作したりできるような構成にしている。本書の使い方を理解いただき，一人でも多くの子ども達のためになるワークシート，テストづくりに励んでいただけたらと思っている。

1　本書の構成

　本書は，以下の構成となっている。

Chapter1	小学校外国語ワークシート＆テストの作成のポイント
Chapter2	第5学年　新3観点のワークシート＆テスト40
Chapter3	第6学年　新3観点のワークシート＆テスト60
Chapter4	第5＆第6学年　総合的な英語力を計るテスト6（学期末テストとして）

　特に，Chapter 2と3では，現在使用されている「外国語」の教科書7種類（NEW HORIZON Elementary［東京書籍］，Here We Go!［光村図書］，Junior Sunshine［開隆堂］，One World Smiles［教育出版］，CROWN Jr.［三省堂］，Blue Sky elementary［啓林館］，JUNIOR TOTAL ENGLISH［学校図書］）の中で取り扱われている単元テーマを調べ（p.5，p.6参照），最も多く扱われているテーマ，または特別なテーマを各学年10テーマに絞り，Unit 1からUnit10に配列し，第5学年と第6学年の2学年で構成している。

　したがって，本書は各学校でいかなる教科書を使用していたとしても，おおむねどの授業にも対応できるようなワークシートとテストになっている。

2　各章の使い方

・Chapter1

　ここでは，ワークシートやテストを作成する際の注意点やポイント，そして工夫の仕方などを具体的に示している。これらを参考にして，効果的にワークシートやテストを作成し，「外国語」の授業をよりよく進めていただきたい。

・Chapter2

　ここでは，第5学年で主に取り扱う単元のワークシートとテストを10単元分用意している。それぞれの単元では，

1	単元名，言語材料，関連教材，指導目標，指導計画
2	ワークシートの解答，解説

　3　語彙・並べ替え（ワークシート）

　4　リスニング（ワークシート）

　5　インタビュー，やり取り（ワークシート）

　6　発表，やり取り，ライティング（パフォーマンステスト）

という構成となっている。これらを取り扱う際には，以下の点に注意していただきたい。

・上記は実際に使用できるワークシートとテストとなっており，授業中にワークシートとして使用したり，小テストや単元末テストとして使用したりすることができる。

・ワークシートやテストを参考に，それぞれの教科書や進度に合わせて作り直して使用することも可能である。

・それぞれの指導計画，評価規準，問題，活動には，【知識・技能】，【思考・判断・表現】，【主体的に学習に取り組む態度】の観点が示されており，どの観点を評価しているのかが明確に分かるようになっているが，使用目的に合わせて変えることは可能である。

・子ども達が授業で学習していない語彙や表現が点在する場合がある。これは，全ての教科書を比較検討し，小学校で特に身に付けさせたいものを取り扱ったためである。教科書は完璧ではない。中学校では，小学校で学習してきたことが前提で授業が進められても，実際は小学校で学んできていない場合も考えられる。したがって，「これらの語彙や表現は教科書で扱っていない」「授業で扱っていない」との理由から，取り扱わないのはもったいない話である。他の教科書では十分に取り扱っている場合もあることから，可能な限り指導して，中学校への布石としていただきたい。

・Chapter3

　ここでは，第6学年で主に取り扱う単元のワークシートとテストを10単元分用意している。それぞれの単元では，先の第5学年の構成に加え，次の2ページが加えられている。

　7　リーディング（ワークシート）

　8　ライティング（ワークシート）

・Chapter4

　ここでは，各学年の学期末テストとして6種類の総合的なテスト問題を用意している。ここでも，進度に合わせて調整しながら使用したり，新たに作成したりしていただきたい。

3　評価のためのワークシートとテストの利用方法

　Chapter2，3，及び4で示したワークシートとテストを，評価のために使用する場合には，進度と合わせながら活用することである。このことはChapter1に詳しい。加えて，三つの観点をどのようにワークシートやテストで評価するかも作成段階や使用段階で決める必要があることも述べている。いずれにせよ，日々使用するワークシートやテストは，授業の一環として，効果的に使用，活用することを肝に銘じて，実のある授業を実施していただきたい。

小学校5年生外国語教科書ラインナップ（著者調べ）

5年 Unit, Lesson	東京書籍 NEW HORIZON Elementary	光村図書 Here We Go!	開隆堂出版 Junior Sunshine	教育出版 ONE WORLD Smiles	三省堂 CROWN Jr.	啓林館 Blue Sky elementary	学校図書 JUNIOR TOTAL ENGLISH
1	Hello, friends. 名前や好きなものを言って、自己紹介をすることができる。	Hello, everyone. 名前や好きなものを言い合って、自己紹介することができる。	Nice to meet you. 名刺交換をしよう。	Nice to meet you. 自己しょうかいしよう。	I have many yo-yos. わたしのこのコレクション［自己紹介］	My birthday is May 10th. 行事・たんじょう日	What sport do you like? 自己しょうかい
2	When is your birthday? バースデーカードをおくろう。	When is your birthday? 誕生日などをたずね合うことができる。	When is your birthday? クラスの誕生日ポスターを作ろう。	When is your birthday?	I can jump high. こんなこと、できるよ?［できること・とくいなこと］	I study math on Monday. 学校生活・教科	How many CDs do you have? 数・ねだん
3	What do you want to study? 夢に近づく時間割を紹介しよう。	What do you have on Mondays? 教科や曜日などを伝え合うことができる。	What do you have on Mondays? ある曜日になるための時間割を作ろう。	I have P.E. on Monday. 夢の時間割をつくろう。	She is a cook. あの人は?［友だちや家族の紹介］	I sometimes walk the dog. 1日の生活	What do you have on Fridays? 教科・習い事
4	He can bake bread well. 身近な人紹介カードを作ろう。身の回りの人を紹介しよう。	What time do you get up? 家の手伝いや1日の生活について伝え合うことができる。	Can you do this? プロフィールカードを作ろう。	This is my dream day. 自由な一日の過ごし方を伝えよう。	I get up at 7:00. 一日の生活［一日にすることとその時間］	She can sing well. できること	Where is the beach ball? 位置・道案内
5	Where is the post office? オリジナルタウンで道案内しよう。	He can run fast. She can do kendama. 自分や他の人ができることやできないことを紹介することができる。	Where is your treasure? 宝物への道案内をしよう。	I can run fast. みんなの「できること」を集めよう。	I play soccer on Mondays. 月曜は何をするの?［ふだんよくすること］	This is my sister. 身近な人のしょうかい	What time do you get up on Sundays? 一日の生活
6	What would you like? ぶどうとメニューを注文しよう。	I want to go to Italy. 行きたい国や行ってできることを紹介することができる。	My Hero あこがれの人がだれかを紹介しよう。	Where do you want to go? 行ってみたい都道府県を伝えよう。	It is in the box. さがしものは、どこ?［位置や場所］	I want to go to France. 行きたい国	Can you walk on *takeuma*? できること
7	Welcome to Japan. 日本の四季ストラストカード、ねだんをたずねたりする受け答えができる。	What would you like? 料理を注文したり、ねだんをたずねたりする受け答えができる。	Happy New Year 年賀状を作ろう。	I'd like a pizza. オリジナル・メニューをつくろう。	I want to go to Kenya. 行ってみたいところ［行きたい国］	Where's the park? 位置・場所	When is your birthday? 誕生日・ほしいもの
8	Who is your hero? ヒーローを紹介しよう。	Where is the gym? 場所をたずねたり、道案内したりする受け答えができる。	What would you like? ランチメニューを考えよう。	Where is the station? 目的地への行き方を伝えよう。		I'd like pizza. 料理・金額	What would you like? 食べ物の注文
9	My hero is my brother. 職業や性格などを言って、身近なあこがれの人を紹介することができる。	My hero is my brother. 職業や性格などを言って、身近なあこがれの人を紹介することができる。	I love my town. ［自分の町しょうかい］をしよう。	This is my dream friend. 友達になってみたい人をしょうかいしよう。			Where do you want to go? 国・地域
10							Who is your hero? あこがれの人

EXTRA

	東京書籍	光村図書	開隆堂出版	教育出版	三省堂	啓林館	学校図書
EXTRA	Open the Door 1 自分のことを紹介をしよう	Review 世界の友達1	Project 1 パーティーを楽しもう。(復習)	Let's Read and Act 1 大事なことを覚えておこう	Hello! (Get Ready 1) よろしくね!	I'm Hana. H-a-n-a.(Pre Unit) 自己しょうかい・ローマ字	
	Open the Door 2 世界のことを紹介しよう	Review 世界の友達2	Project 2 自分のことを伝えよう。(復習)	Let's Look at the World 1	Hello, Mr. Sanol (Get Ready 2) 教えて、先生のこと	REVIEW 1	
	Open the Door 3 地域のことを紹介しよう	Reviw 世界の友達3		Welcome to Japan 名所・名物マップ	Welcome to Japan! (Get Ready 3) 日本のこと、伝えたい	REVIEW 2	
	Check Your Steps 1 外国の人に自己紹介をしよう			Let's Read and Act 2	This is me. (Presentation 1) 自己紹介、聞いて!［自己紹介］	REVIEW 3	
	Check Your Steps 2			A Good Ideal	He is a music teacher. (Presentation 2) 知ってる?先生のこと［先生紹介］	Story Who's Behind Me?	
	Check Your Steps 3 地域のおすすめを紹介しよう			Let's Look at the World 2	Mt. Fuji is beautiful. (Presentation 3) 日本のこと、おすすめ!［おすすめの場所・こと・もの］		
	［日本のすてき］を紹介しよう			My Word Bank			
				Let's Enjoy the Music			

小学校6年生外国語教科書ラインナップ（著者調べ）

6年生 Unit. Lesson	東京書籍 NEW HORIZON Elementary	光村図書 Here We Go!	開隆堂出版 Junior Sunshine	教育出版 ONE WORLD Smiles	三省堂 CROWN Jr.	啓林館 Blue Sky elementary	学校図書 JUNIOR TOTAL ENGLISH
1	This is me! 自分についてスピーチをして、自己紹介をすることができる。出身地や得意なことを言って、自己紹介をすることができる。	This is me. 出身地についてスピーチをして、自己紹介をすることができる。	We are friends. クラスの輪を広げよう。	Let's be friends. 自己しょうかい	We are from India. わたし、あなた、わたしたち〔友だちや家族〕	I'm from India. 自己しょうかい	I'm from India. 自己しょうかい
2	How is your school life? 学校生活を伝え合おう。日本の行事などについて、世界で紹介することができる。	What time do you get up? 自分の一日をしょうかいしよう。		My town is beautiful. おすすめの場所	We have Children's Day in May. こどもの日は5月にあります〔行事・文化〕	Welcome to Japan. 日本のしょうかい	What vegetable do you like? 好きな食べ物
3	Let's go to Italy. 旅行代理店でおすすめの国を紹介しよう。見たいスポーツをたずね合うことができる。	Where do you want to go? 見たいスポーツをたずね合うことができる。	Where do you want to go? 見たいスポーツをたずね合うことができる。	Welcome to Japan. 好きな日本の文化	I went to Hawaii. 夏休みの思い出〔夏休みにしたこと〕	I want a big park in our town. 自分たちの町・地域	What festival do you want to see? 日本の祭り
4	Summer Vacations in the World 夏休みの思い出を紹介しよう。	My Summer Vacation 夏休みのことなどについて話し、感想を発表することができる。	Welcome to Japan. 日本のことをしょうかいしよう。	My Summer Vacation 夏休みの思い出	I am hungry. 様子や特徴〔ものの様子や特徴〕	My summer vacation was great. 夏休みの思い出	I went to my grandparents' house. 夏休みの思い出
5	We all live on the Earth.	He is famous. She is great. 職業や性格などを言って、世界で活やくする人を紹介することができる。	I want to see the Milky Way. 短冊に願いを書こう。	What country do you want to visit? 行きたい国	It was green. 春と秋を比べて〔現在の状態と過去の状態〕	What did you do last weekend? 週末のできごと	We have a big park. 自分たちの町、地域
6	Let's think about our food. オリジナルカレーを発表しよう。職業や性格などを言って、世界で活やくする人を紹介することができる。	My Summer Vacation 夏休みの思い出を発表しよう。		Olympics and Paralympics 世界で活やくするスポーツ選手	I want to be a vet. なりたいものは、何?〔つきたい職業〕	I enjoyed school. 小学校の思い出	Where do you want to go? 道案内
7	My Best Memory 小学校の思い出のアルバムを紹介し合おう。	My Best Memory 小学校生活の思い出に残る行事などを発表することができる。	See the world. 世界の食責任を知ろう。	My Best Memory 小学校の思い出	At This Moment 今、この瞬間〔日本の文化・地域・国の文化〕	I want to be a vet. 将来の夢・職業	What's your best memory? 小学校の思い出
8	My Future, My Dream 夢宣言カードでスピーチしよう。なりたい職業とその理由を言って、将来の夢を発表することができる。	What sport do you like? 人気のスポーツを調べよう。	What sport do you like?	What do you want to be? 将来の夢		I want to join the brass band. 中学校生活・部活動	What do you want to be? 将来の夢
9	Junior High School Life 中学校生活で入りたい部活動やしたいことを発表することができる。	My Favorite Memory 思い出を絵本にしよう。	I have a dream. 将来の夢	Junior High School Life あこがれの中学校生活			Who is this? 人物を問う
10		I have a dream. 将来活躍する自分を発表しよう。	Junior High School Life.				
11		Junior High School Life. 中学校でしたいことを発表することができる。					What club do you want to join? 中学校に入ったら
EXTRA	Open the Door 1 世界の国々を知り、紹介し合おう。	Review 世界の友達 1	Project 1 世界で活躍する自分を発表しよう。	Let's Read and Act 1	Welcome to our school (Get Ready 1) ようこそ、わたしたちの学校へ	I can speak English. (Pre Unit) 5年生の復習	Story The Very Big Turnip
	Open the Door 2 世界と日本のつながりを考えよう。	Review 世界の友達 2	Project 2 感謝の気持ちを伝えよう。	A Great Ideal 世界で活躍する目立つ人々	My Memories (Get Ready 2) こんな思い出、あるよね	REVIEW 1	
	Open the Door 3 中学校への扉を開けよう。	Review 世界の友達 3		Let's Look at the World 1	My Dream (Get Ready 3) かなえたい、わたしの夢	REVIEW 2	
	Check Your Steps 1 外国の人にメッセージを伝えよう。			Let's Read and Act 2	This is our school (Presentation 1) 私たちの学校〔学校紹介〕	REVIEW 3	
	Check Your Steps 2 世界と自分のつながりを紹介しよう。			The Letter	My best memory is… (Presentation 2) 最高の思い出は…〔思い出紹介〕		
	Check Your Steps 3 葉書きのメッセージを伝えよう。			Let's Look at the World 2 知らない言葉を調べてみよう	I want to be a… (Presentation 3) 20年後のわたしはきっと…〔将来の夢〕		
				My word Bank			
				Let's Enjoy the Music			

Contents

はじめに　　002
本書の使い方　003

Chapter1

小学校外国語ワークシート&テスト作成のポイント

Point1	ワークシートの考え方	012
Point2	テスティングの留意点	014
Point3	ワークシート・テストと評価との関係	016
Point4	ワークシートの作り方	018
Point5	テストの作り方	020

Chapter2

第5学年　新3観点のワークシート&テスト 40

Unit1　自己紹介 024
1　単元の指導目標と指導計画　024　**2**　解答・解説　025
❶語彙・並べ替え　026　❷リスニング　027
❸インタビュー　　028　❹発表（パフォーマンステスト）029

Unit2　バースデーカード 030
1　単元の指導目標と指導計画　030　**2**　解答・解説　031
❶語彙・並べ替え　032　❷リスニング　033
❸インタビュー　　034　❹発表（パフォーマンステスト）035

Unit3　時間割 036
1　単元の指導目標と指導計画　036　**2**　解答・解説　037
❶語彙・並べ替え　038　❷リスニング　039
❸インタビュー　　040　❹発表（パフォーマンステスト）041

Unit4　一日の生活 042

1　単元の指導目標と指導計画　042　**2**　解答・解説　043
❶語彙・並べ替え　044　❷リスニング　045
❸インタビュー　　046　❹発表（パフォーマンステスト）　047

Unit5　他己紹介 048

1　単元の指導目標と指導計画　048　**2**　解答・解説　049
❶語彙・並べ替え　050　❷リスニング　051
❸インタビュー　　052　❹発表（パフォーマンステスト）　053

Unit6　道案内 054

1　単元の指導目標と指導計画　054　**2**　解答・解説　055
❶語彙・並べ替え　056　❷リスニング　057
❸インタビュー　　058　❹発表（パフォーマンステスト）　059

Unit7　食べ物の注文 060

1　単元の指導目標と指導計画　060　**2**　解答・解説　061
❶語彙・並べ替え　062　❷リスニング　063
❸インタビュー　　064　❹やり取り（パフォーマンステスト）　065

Unit8　グリーティングカード 066

1　単元の指導目標と指導計画　066　**2**　解答・解説　067
❶語彙・並べ替え　068　❷リスニング　069
❸やり取り　070　❹ライティング（パフォーマンステスト）　071

Unit9　ヒーロー 072

1　単元の指導目標と指導計画　072　**2**　解答・解説　073
❶語彙・並べ替え　074　❷リスニング　075
❸インタビュー　　076　❹発表（パフォーマンステスト）　077

Unit10　旅行代理店 078

1　単元の指導目標と指導計画　078　**2**　解答・解説　079
❶語彙・並べ替え　080　❷リスニング　081
❸インタビュー　　082　❹発表（パフォーマンステスト）　083

Chapter3

第6学年　新3観点のワークシート&テスト60

Unit1　自己紹介 086

1　単元の指導目標と指導計画　086　　**2**　解答・解説　087

❶語彙・並べ替え　088　❷リスニング　089　❸インタビュー　090

❹リーディング　091　❺ライティング　092　❻発表（パフォーマンステスト）093

Unit2　日本紹介 094

1　単元の指導目標と指導計画　094　　**2**　解答・解説　095

❶語彙・並べ替え　096　❷リスニング　097　❸インタビュー　098

❹リーディング　099　❺ライティング　100　❻発表（パフォーマンステスト）101

Unit3　職業，性格 102

1　単元の指導目標と指導計画　102　　**2**　解答・解説　103

❶語彙・並べ替え　104　❷リスニング　105　❸やり取り　106

❹リーディング　107　❺ライティング　108　❻発表（パフォーマンステスト）109

Unit4　食物連鎖 110

1　単元の指導目標と指導計画　110　　**2**　解答・解説　111

❶語彙・並べ替え　112　❷リスニング　113　❸インタビュー　114

❹リーディング　115　❺ライティング　116　❻発表（パフォーマンステスト）117

Unit5　夏休みの思い出 118

1　単元の指導目標と指導計画　118　　**2**　解答・解説　119

❶語彙・並べ替え　120　❷リスニング　121　❸インタビュー　122

❹リーディング　123　❺ライティング　124　❻発表（パフォーマンステスト）125

Unit6　スポーツ観戦 126

1　単元の指導目標と指導計画　126　　**2**　解答・解説　127

❶語彙・並べ替え　128　❷リスニング　129　❸インタビュー　130

❹リーディング　131　❺ライティング　132　❻発表（パフォーマンステスト）133

Unit7　町紹介 134

1　単元の指導目標と指導計画　134　　**2**　解答・解説　135

❶語彙・並べ替え　136　❷リスニング　137　❸インタビュー　138

❹リーディング　139　❺ライティング　140　❻発表（パフォーマンステスト）141

Unit8 思い出 ⸺⸺⸺⸺⸺⸺⸺⸺⸺⸺ 142

1 単元の指導目標と指導計画 142 　**2** 解答・解説 143

❶語彙・並べ替え 144 　❷リスニング 145 　❸インタビュー 146

❹リーディング 147 　❺ライティング 148 　❻発表（パフォーマンステスト）149

Unit9 将来の夢 ⸺⸺⸺⸺⸺⸺⸺⸺⸺⸺ 150

1 単元の指導目標と指導計画 150 　**2** 解答・解説 151

❶語彙・並べ替え 152 　❷リスニング 153 　❸インタビュー 154

❹リーディング 155 　❺ライティング 156 　❻発表（パフォーマンステスト）157

Unit10 中学校生活 ⸺⸺⸺⸺⸺⸺⸺⸺ 158

1 単元の指導目標と指導計画 158 　**2** 解答・解説 159

❶語彙・並べ替え 160 　❷リスニング 161 　❸インタビュー 162

❹リーディング 163 　❺ライティング 164 　❻発表（パフォーマンステスト）165

Chapter4

第５＆第６学年　総合的な英語力を計るテスト６

第５学年 ⸺⸺⸺⸺⸺⸺⸺⸺⸺⸺⸺⸺⸺ 168

解答・解説 168

❶総合的な英語力を計るテスト 169 　❷総合的な英語力を計るテスト 170

❸総合的な英語力を計るテスト 171

第６学年 ⸺⸺⸺⸺⸺⸺⸺⸺⸺⸺⸺⸺⸺ 172

解答・解説 172

❶総合的な英語力を計るテスト 173 　❷総合的な英語力を計るテスト 174

❸総合的な英語力を計るテスト 175

小学校外国語
ワークシート&テスト
作成のポイント

Chapter1

Point1 ワークシートの考え方 012

Point2 テスティングの留意点 014

Point3 ワークシート・テストと

評価との関係 016

Point4 ワークシートの作り方 018

Point5 テストの作り方 020

Point1 ワークシートの考え方

> ワークシート（worksheet）とは，授業の中で子ども達が学習のために使用するもので，他に，プリントやハンドアウトとも呼ばれる。また，アルファベットの文字を練習する場合には，ワークシートやノートが必要で，英語の習字を意味するペンマンシップ（penmanship）の言葉が使われる場合もある。

ワークシートの使用目的

ワークシートを使用する場合には，どのような目的で使用するかを明確にする必要がある。間違っても，いわゆる「プリント爆弾」と呼ばれるように，授業中に数十枚のプリント類を与え，指導を疎かにして，ただひたすらワークシートで問題を解かせるなどは，愚の骨頂である。これでは，教師の存在価値がない。

ワークシートは，授業で学習した内容についての理解度を確認するもの，英語の文字や語句，表現を書き写したり，書く練習をしたりするもの，リスニング問題の解答を書き入れたり，英語の文章について問題を解いてみたりする解答用紙としても使用される。もちろん，これらは，授業中に使用したり，宿題として家庭で取り組ませたりするものである。具体的には，以下のように使用される。

❶理解度チェックとして

ワークシートは，授業の中で教師が指導した内容を子どもが理解できているか，習得できているかを確認するために使用する。これは，多くの場合，知識・技能面での確認に使われるが，学校やクラスの状況によっては，以下のように思考・判断・表現の面も確認できる。

> ・語句や表現の意味確認，単純な並べ替えなど→知識・技能
>
> ・複雑な並べ替え，文理解，条件英作文など→思考・判断・表現

❷練習用紙として

外国語では，「聞くこと」「話すこと」に加え，「読むこと」「書くこと」も求められ，子ども達にとっては，かなりハードルの高いものとなっている。特に，「書くこと」においては，一朝一夕に書けるようにはならず，何度も書いて覚えていく方法を取らざるを得ない。そこで，四線が書かれたワークシートを使って，アルファベットの文字の練習や，単語や表現を書き写したりする場合に必要となる。

❸解答用紙として

リスニング問題（聞き取りクイズなど）の解答用紙としたり，英語の文章についての問題解答を書き入れる用紙としてワークシートを利用することができる。特に，これらの用途には，リスニングのスクリプト（台本）や，英文の日本語訳を書き入れておくことも可能である。また，パフォーマンス活動の発表原稿を書くための用紙（四線入り）としてもワークシートは活用できる。

授業でのワークシートの活用方法

　授業でワークシートを使用する場合，どのように効果的に使用するのがよいのであろうか。さまざまな方法が考えられるが，主に次のようなことが考えられる。

❶指導の一部としての活用

　授業で教師の説明や解説に合わせて，子ども達がワークシートに説明内容を書き入れたり，板書を書き写したりする方法や，説明や解説を聞いた後に，理解を深めるために書き込んでいく方法などがある。

❷理解度を確認するための活用

　授業後に学習した内容を理解できているか確認するための方法や，その知識を用いて活用できるまでに至っているかを確認するための方法などがある。

❸練習帳としての活用

　アルファベットの文字や単語，表現を書くことができるようにするための練習用紙として使用する。

❹発展学習としての活用

　授業で学習した内容の発展学習として使用することができる。特に，理解度の高い子どもや外部の塾や英語学校に通っている子どもが，配布されたワークシートを短時間で終え，無駄な時間を過ごさせないために使用する。

家庭学習でのワークシートの使用方法

❶復習としての活用

　授業で学習した範囲を再度各自で学習させたり，確認させたりして定着を図る方法や，書く習慣を付けさせながら，書くことの定着を図る方法などがある。

❷予習としての活用

　中学校や高等学校では，授業の準備として，新出単語の意味を調べたり，教科書本文を音読したりする宿題が出されている。しかし，小学校の外国語活動や外国語では，このような予習は求められてはおらず，それ以上に，復習を重点的に行うことが英語運用能力の向上には欠かせないものである。したがって，ワークシートを予習用として活用する必要は特にない。

ワークシートの保存方法

　多くの学校では，ワークシートを子ども達がファイルに保存している。これは，教師には子ども達の育ちが分かり，ポートフォリオとしても評価に活用することができる。一方，子ども達にとっては，ただ散乱しないようにファイルしているに過ぎない。それならいっそ，そのワークシートを，例えば，子ども個々で間違った箇所だけを問題にしたワークシートを作らせたり，間違い箇所だけを iPad で撮影させて，自分用のワークシートを作らせるなどの発想の転換で，間違いを正しく楽しく学ぶ機会にすることができる。これは，ほとんどの子どもが一度ファイルしたワークシートに二度と目を通さないことからの工夫である。

Point2 テスティングの留意点

　テスティング（testing）とは，評価をするために検査や試験を行うことを意味している。テスト（test）とテスティングを日本語に訳すとどちらも「試験」あるいは「テスト」となるが，実は二つには微妙な違いがあり，テストは試験そのもののペーパーテストやパフォーマンステスト自体を意味し，一方，テスティングはテストを行うことやテストの概念，テストのシステムなどの広範な意味で使われる。ここでは，外国語活動や外国語でテストを行う際の留意点について述べる。

テスティングの必要性

　指導の結果として評価を下す場合には，教師が事前に定めた到達目標に子どもがどの程度まで達しているかを判断する必要がある。ワークシートは，学習した指導内容の理解度を確認したり，それにより，どのような手立てを行うべきか，どのような支援をする必要があるかなどの今後の指針として活用するものであるのに対し，テストは，学習した内容の理解度，定着度について到達目標を基に計るものである。この一連の流れや考え方がテスティングである。なぜ，テスティングが求められるのであろうか。

❶テストの種類

　テストと聞くと，一般にペーパーテストを思い起こす。しかし，外国語活動や外国語では，ペーパーテストだけで計るもの以上の能力向上が求められている。例えば，「聞くこと」「話すこと」などは，ペーパーテストだけでは到底計り得ない領域である。そこで，テストには，以下のようなものが考えられる。

・ペーパーテスト（語彙や表現に関する知識・技能面，読むことや書くことの達成度を計る）
・リスニングテスト（聞くことの達成度を計る）
・音読テスト（音読の達成度を計る）
・パフォーマンステスト（スピーチ発表やスキット発表，プレゼンテーションなどで話すことの達成度を計る）
・見取りや観察（活動の観察などで主体的に学習に取り組む態度を計る）

　以上のテストを行うために，カリキュラムの中では，どのような時期にテストを行うのか，どのような流れや形態でテストを行うのかなどのテスティングの構築をする必要がある。

❷テスティングに求められるもの

　教師は，事前に定めた目標に向けて，日々授業を行っている。これは，富士山の登山に例えると分かりやすい。登山はスタート地点から1合目，2合目と登っていく。これは授業でも同じこと。単元の授業開始から，1時間目，2時間目と進んでいく。3時間目では，登山に例えると，3合目となるが，子どもによっては，3合目までたどり着いていない場合もある。この場合には，授業でワークシートで確認して再度学習したりして，全員3合目を目指す。この繰

り返しで，理想は全員を頂上に到達させることである。しかし，授業時数と同じように登頂時間には限りがある。そこで，頂上に到達すべき時間に，子ども達全員がどの場所にいるかを確認するためにテストを行う。この一連の流れがテスティングである。したがって，子どもの状況をつぶさに知り，手立てを打ちながら，時には子どもを背負うこともあるし，遅れている子を待つ必要もある。そして，全員で頂上を目指すのである。このように，テストを実施するまでには，それぞれの状況に合った指導をしながら，最終的にテストを行い，達成度を確認する。登山開始時から，頂上での集合時間ばかりを気にするとひどい目に遭う。授業においても，指導の開始時期からテストありきで進むべきではない。中学校や高等学校では，到達目標が定まった段階で最終テストを作成し，それに合わせて指導を組み立てていく場合もあるが，小学校の外国語活動と外国語ではそう単純にはいかない。絶対に一人でも滑落させてはならない。つまり，一人でも英語嫌いを生み出してはならないのである。そのためにも，テスティングの流れには十分配慮する必要がある。

❸テスティングの注意点

指導内容によっては，テストは必要ないと考えることもできる。評価を下すために，普段の授業やワークシート，さまざまな活動やパフォーマンス発表だけで行うこともできる。目標が「～話すことができる」であれば，子ども同士のやり取りや発表をもとに「～話すことができているかどうか」を判断することが必要である。しかし，知識や技能もそれを支える重要な要素であることから，それらを確認するためにテストを実行して，評価の一部として組み入れることは可能である。

テスティングの立案

テストをどの時期にどのような形で行うかを計画立てて実施することが必要になる。闇雲なテスト漬けでは，英語嫌いを生み出す要因になる。そこで，テストを行うために考えなければならない点をまとめる。

> ・本当にテストを行う必要があるか判断する。
>   普段の授業の中で評価を下すことができないか考える。
> ・どのようなテスト形態を取るか。
>   ペーパーテスト（小テスト，確認テスト，最終テストなど），活動を評価するためのテスト（発表，スキット，英語劇など），リスニングテストなど。
> ・どのような試験内容にするか。
>   具体的な内容を詳細に詰めておく。
> ・どの時期に行うか。
>   授業との関連性や効率を考慮することが大切である。
> ・どのようにフィードバックするか。
>   子どもや保護者にどのように周知するか。本当に通知表だけでよいか。

Point3　ワークシート・テストと評価との関係

　　ワークシートを使用したり，テストを実施したりする際には，それらがどのように評価と関係づけられるのかを考える必要がある。特に，ワークシートは指導の一環として，授業の中で内容の確認や定着を計る方法として用いるのであれば，評価を意識する必要は特にないが，ひとたび評価に組み込むとなれば，作り方や使用時期も考える必要が出てくる。以下に，ワークシート及びテストと評価との関係について見ていく。

ワークシートと評価の関係

　　ワークシートは普段の授業や家庭学習で用いるものである。これらを評価に組み込む場合にはさまざまな点で注意を要する。

❶評価の時期

　　当然のことではあるが，授業で指導した内容を，ワークシートで理解度や定着度を計る場合には，指導の時期との関係が問題になってくる。例えば，次の場面を考えてみる。

（授業例）

　　初めて Where do you want to go? ― I want to go to Italy. の表現を学習することとする。子ども達は教師のモデルの音声ややり取りを聞いた後に，自分たちで口頭練習やペアワークなどをする。そして，その後に，これらの表現をワークシートに書き写したりする。この段階のワークシートを評価の対象とすることができるかどうかである。Were do wanto go. や Wheredoyouwantgo? などさまざまな間違った表記が見られる。当然である。子どもにとっては初見の表現である。例え書き写すことに慣れていたとしても，定着していない表現を正しく書き写すことは，子ども達にとっては困難なことである。ここはまだ練習過程にあり，これを評価するのは正しいとは言い難い。この練習過程を評価に取り込むのではなく，何度か書き写す練習を繰り返した後に評価することで，真に理解できているか，定着できているかが判断できる。同じように，新出単語や表現についても，口頭練習やペアワークなどを繰り返し，慣れ親しんだ後でなければ評価の対象とはならない。

　　以上のように，ワークシートを評価に組み込む場合には，十分に指導が行われ，子ども達が語彙や表現に慣れ親しんだところで用いたワークシートであれば可能である。ただし，主体的に学習に取り組む態度の観点については，積極的にワークシートの課題に取り組んでいたり，自ら問題意識を持って，間違わないように確認しながら取り組んでいたりする姿勢は評価の対象とすることができる。

❷三つの観点を意識

　　ワークシートでは，子ども達にどのような観点で取り組ませようとしているのかを，常に意識しておくことが，評価に組み込む場合には大切なポイントである。これは，子どもの総合的な英語運用能力を向上させる場合に重要になってくる。例えば，次の場面を考えてみる。

ポイント3

（授業例）

やり取りや発表において，教師の期待通りの結果が見られない子どもは，どの時点やどの観点に問題があるのかがワークシートで判断できる。例えば，慣れ親しんでいるはずの語彙や表現の知識・技能面に問題があることや，語彙の並び替えや状況の変化に対応する表現を使用できる思考・判断・表現面に問題があることなど，ワークシートの段階で明確になる。

このように，ワークシートも観点別に作成することで，子ども達のさまざまな面が見えてくる。

テストと評価の関係

テストには，ペーパーテストやパフォーマンステスト，リスニングテストなど，さまざまな形式があり，「聞くこと」「読むこと」「話すこと［やり取り］」「話すこと［発表］」「書くこと」の5領域で異なったさまざまなテストが可能である。

❶テスト形式

・ペーパーテスト

これは知識・技能面を確認するのに最も有効な方法である。特に新出単語や表現の理解度や定着度を計ることが容易である。また，「読むこと」「書くこと」については，知識・技能面に加えて，思考・判断・表現面も評価することができる。

・音読テスト

これは，「読むこと」の中でも，英文を音読できるかどうかを評価するために，実際に読ませて判断することになる。

・パフォーマンステスト

これは，実技テストと同じ意味で，「話すこと」の技能面や思考・判断・表現面を評価するために，実際に子ども達にスキット［やり取り］やスピーチ，ショウ・アンド・テルなどの発表をさせることである。

・リスニングテスト

これは，「聞くこと」の技能面や思考・判断・表現面を評価するために行い，内容や意図が聞き取れているかを判断する。イラストなどを利用することもできる。

❷テストの時期

テストは小テストのように毎授業時間行うことも可能ではあるが，理想は，ワークシートなどを活用しながら指導を継続し，単元の最終時間などに，ペーパーテストやパフォーマンステストを行うことで，到達目標に対して，どの程度まで達成できているかを明確に判断することができる。

ただし，評価のためのテストではなく，指導の結果としてのテストと思考を変えることの方が，次の指導につなげることができる。

Point4　ワークシートの作り方

ワークシートは，普段の授業の中で，進度に合わせて使用するもので，指導の一環としての要素が大きい。授業の中や家庭学習として，時には自習の課題としても使用するものである。したがって，作り方にも工夫を施しながら，子ども達の英語に対する抵抗感を減らし，「できた！」という達成感や学習に対する良いイメージを持たせることが大切である。そして，最終的には到達目標に向かって，教師の指導と共に，学力向上のアイテムとしての役割も担わせることである。そのためにも，作り方を工夫しなければならない。

ワークシートの用途

ワークシートを作成する際には，さまざまな点に注意する必要がある。特に大切なことは，使用目的を明確にすることである。ワークシートを何のために使用するのかである。それらをまとめてみる。

❶指導上のツールとして

指導の際に，ワークシートを使いながら説明を施していく場合がある。例えば，ワークシートに書かれている説明文を理解させたり，子ども達にその説明文を読ませたりと，ワークシートではあるが，テキスト的な役割を担わせるものである。

❷指導を補完するため

教師が指導する中で，子ども達に説明文や英文の一部の空欄を埋めさせたり，自らメモを取らせたりして，理解度を向上させるものである。市販されている書き込む式の問題集のようなものである。

❸指導の確認のため

教師が一通り指導した後に，指導内容が理解できているかを確認するために使用したり，語句や表現が定着しているかを確認したりするために使用する。当然，子ども達の間違った箇所などをフィードバックして，更なる知識・技能面，思考・判断・表現面の向上をめざすものである。

❹家庭学習や自習利用のため

家庭学習においては，ワークシートで自学自習することになる。保護者の支援も考えられるが，全ての子どもの環境が整っている訳ではない。教師の出張等による自習時間に使用する場合も同様である。したがって，❸と同様，既習事項の確認としての役割を担うワークシートとなる。

❺発展学習のため

子どもによっては，塾や英語学校で外国語を学習している場合がある。テキストや教科書の内容に飽き足らない子ども達のためにも，時には発展的な内容も組み込むことで，無駄な時間を無くし，興味付けにもつなげる。

具体的な作成方法

　ワークシートを作成する際には，用途によって，さまざまな作り方を工夫しなければならない。具体的には次の通りである。

❶指導のツールとして

　教師の説明とほぼ同じことをワークシートに書く場合には，全てを書く必要はない。特に強調したい点や，基礎基本として定着させたい点を，子どもの目に入りやすいように書くことである。あるいは，残像としてイメージが残る工夫も必要である。そのために，文字のフォントやポイントを工夫する必要がある。ビジネスでは，日本語は MS 明朝，英文は Century を利用するが，本書で取り扱うワークシートやテストでは，UD デジタル教科書体を使用している。もちろん，子どもの理解のしやすさや，教師の興味などを考えると，上記に縛られる必要もない。見やすく，分かりやすい紙面作りを工夫することである。

❷指導を補完するため

　教師の説明や解説を聞きながら，空欄に言葉や英語を書き込ませる場合には，知識として定着させたいものを記入させることである。たくさん身に付けさせたいと思って空欄を増やすと，書くことに時間を要する子どもはついて行けなくなり，英語へのイメージを損なうことになる。書くことが遅い子どもを意識しながら，空欄の数を調整したい。

❸指導の確認のため

　本書の Chapter 2 以降は確認のためのワークシート・テストとして活用されることを想定している。知識・技能面では，語句や表現，基礎的な語順の確認を行ったり，アルファベットの文字の認知度を確認したりする。また，思考・判断・表現面では，自分自身の考えや気持ちを表現できるかなどを確認する。その際，徐々に知的レベルを上げたり，ヒントの量やイラストの使用など，子どもの状況に合わせて作成する。文字のポイントも，中学年から高学年にかけて小さくしたり，書く際の四線の大きさも考慮する必要がある。

❹家庭学習や自習利用のため

　家庭学習や自習用のワークシートには，他のワークシートと比較して，ヒントとなる項目を多く入れることである。これにより，子どもが一人でも取り組めるようにする。保護者や友達がいなくとも，自ら取り組むように仕向けることが重要で，英語に対する抵抗感を減らすワークシートの作りを常に意識しておくことである。

❺発展学習のため

　授業で学んでいない内容でも，さまざまな情報をもとに解答できる仕組みを作ったり，教科書を多用することで解答が得られたりするなど，知的な発展学習が子どもの興味をそそることにもなる。しかも，クイズ形式やトンチなどで英語に触れることは子どもの情意フィルターを下げることにもつながる。例えば，「rain cats and dogs はどんな雨模様？」などと考えさせることである。

　テストは教師が設定した到達目標に対して，子ども達がどの程度まで達成できているかを計るものである。したがって，テストを作成する際には，授業で指導した内容を的確に計るものでなければならない。しかも，重点的に指導したものと軽く扱ったものとでは，テストでも同様に軽重をつけて実施しなければならない。これが指導と評価の一体化につながるものである。

　テストは，どの段階で，どの方法で行うかを計算しながら，カリキュラムに落とし込んでおく必要がある。しかし，授業の回数や状況に変更が生じた場合には，適宜，テストも変更する必要がある。そこで，テストの在り方と作成上の留意点について領域別に見ていく。

テストの在り方

　テストは，「聞くこと」「読むこと」「話すこと［やり取り］」「話すこと［発表］」「書くこと」の４技能５領域別に作成し，実施していくことになる。もちろん，さまざまな領域に渡って総合的なテストを作成して評価することもできる。ここでは，それぞれの領域別のテストの在り方を見ていく。

❶「聞くこと」のテスト

　「聞くこと」においては，リスニングテスト（聞き取りテスト）を行い，どの程度聞き取れるようになっているかを計ることになる。これは，子ども達が実際に音声を聞き，解答用紙に記入する形を取る。テストとしての実施は容易なものである。

❷「読むこと」のテスト

　「読むこと」においては，テストは大きく二つに分けられる。一つ目は音読テストである。アルファベットの文字の音読から始まり，文や文章を音読できるかを計るものである。したがって，子ども一人ひとりに実際に音読させることで評価することができる。二つ目は内容把握である。文や文書を読んで書かれている内容を理解できているかなどを計るものである。

❸「話すこと［やり取り］」のテスト

　「話すこと［やり取り］」においては，ペーパーテストでは判断ができず，実際のやり取りを通して評価することになる。子ども同士でやり取りをさせて観察しながら評価したり，教師の質問に対して，的確に回答しているかなどを評価する方法である。例えば，次のやり取りを考えてみる。

　教師：What color do you like?　　子ども：I like blue.

　この場合，"I like blue." と答えたり，"Blue." と答えたりする子どもがいる。どちらも同じ評価にするのか，"Blue." の場合は評価を下げるのかなど，普段の授業でどのように指導しているかによる。

　また，次のパターンを考えてみる。下線部に適切な文を書き入れる問題である。

```
A：What color do you like?
B：_____(a)_____ （質問に対する自分の考えを書く）
A：I see. _____(b)_____ （適切な質問を書く）
B：I like baseball.
```

この場合，(a)には I like blue. など好きな色を書かせ，(b)には What sport do you like? の質問文を書かせる。これはやり取りとなっていることから，下線部に書くことがやり取りのテストと考えがちである。しかし，「書くこと」「読むこと」を通して解答が得られることから，総合的な問題であり，やり取りの問題とするには甚だ無理がある。

❹ 「話すこと［発表］」のテスト

「話すこと［発表］」においては，やり取り同様，ペーパーテストで計ることは難しく，実際に子ども達のパフォーマンスを通して評価することになる。これがパフォーマンステストである。スピーチやショウ・アンド・テル等の発表には，事前に発表原稿を作成する必要がある。この原稿は，「書くこと」の評価としては適切だが，原稿自体を発表の評価に組み入れることには無理がある。

❺ 「書くこと」のテスト

「書くこと」においては，実際に子ども達に書かせるテストを通して判断することになる。その際，どの程度の完成度をめざすのかで評価が異なる。そのためにも，評価規準をしっかりと定めておくことである。

テストの作成上の注意点

ここでは，「聞くこと」「読むこと」「書くこと」のテストの作り方を示す。

❶ 「聞くこと」の作成上の注意点

リスニングテストを作成する際，まずスクリプト（読み原稿）を作成する。その際，全ての語句や文を聞き取ることを想定する必要はない。概要を捉えることが大切である。したがって，既習語句や既習表現のみを使うことは理想ではあるが，まだ学習していない語句や表現を使って，拾い読みのようにポイントを聞き取る能力を子どもの時から身に付けさせたい。

❷ 「読むこと」のテスト

内容把握のテストにおいても，既習語句や既習表現のみを使うことは理想ではあるが，知らない単語を，前後の語や文から推測して判断できる子どもを育てていくことは，将来に渡って重要なことである。

❸ 「書くこと」のテスト

書くテストは中学年から順に，書き写し（語句→文），並び替え，自分のこと，自分の気持ちや考えについて書くことができるかを判断する。「書くこと」は他の領域よりもハードルが高く，普段の授業でも苦手とする子どもが多く，多量に書くテストには拒否反応を示すので，他の領域とのバランスを常に考えながら出題することが大切である。

第5学年
新3観点の
ワークシート&テスト40

Chapter2

Unit1	自己紹介	024
Unit2	バースデーカード	030
Unit3	時間割	036
Unit4	一日の生活	042
Unit5	他己紹介	048
Unit6	道案内	054
Unit7	食べ物の注文	060
Unit8	グリーティングカード	066
Unit9	ヒーロー	072
Unit10	旅行代理店	078

単 元 名：「Hello, everyone. 名刺交換をしよう」
言語材料：Hello. Nice to meet you. How do you spell your name? What … do you like?
関連教材：東書（5年U1），光村（5年U1），開隆（5年L1），教出（5年L1）ほか

1 単元の指導目標と指導計画

・指導目標

(1) 挨拶の表現 Nice to meet you. や単語の綴りを尋ねる表現 How do you spell your name? を理解し，相手と伝え合うことができる。

(2) 相手とよく知り合うために，基本的な表現を用いて，名前や好きなことなどについての自己紹介ができる。

(3) 誰とでもコミュニケーションを図り，クラスの友達の前でも積極的に自己紹介しようとする。

・指導計画（全7時間）

時間	学習活動	評価規準（評価方法）
第1時	①挨拶を聞く。 ②友達と挨拶をする。	【知（や）】4年生で学んだ挨拶の表現を思い出して、積極的に挨拶をしようとしている。
第2時	①アルファベットの文字の確認。 ②自分や友達の名前を綴る。	【技（書）】アルファベットの活字体を正しく書いている。（ワークシート（WS）❶❷） 【技（書）】自分の名前を正しく書いている。（WS❶）
第3時	①ペアの相手に名前を伝える。 ①自分の好きなことを言う。	【思（や）】相手に名前や好きなことを伝える。
第4時	①友達の好きなことを聞く。 ②リスニングクイズをする。	【思（聞）】リスニングクイズの内容を聞き取る。（WS❷）
第5時	①クラスの友達と交流する。 ②個々に好きなものを尋ねる。	【思（や）】友達と自己紹介をしながらやり取りしている。（WS❸）
第6時	①自己紹介の文を書く。 ②ペアで練習する。	【思（書）】自己紹介文を書いている。（WS❹） 【主（発）】積極的に練習しようとしている。
第7時	①全体の前で自己紹介する。 ②自己紹介を聞く。	【思（発）】自己紹介している。（テスト（T）❹） 【思（聞）】内容を捉えている。（T❹）

2 解答・解説

Worksheet ❶語彙・並べ替え

解答　4．I like red.　5．例えば，ピザ，I like pizza.

解説　1～3では，名前を表記させることでアルファベットの大文字・小文字の活字体を書くことができているか確認する。また，4と5では，英語の語順を理解しているか確認する。これを行う際には，音声で十分に慣れ親しんでいることが条件である。

Worksheet ❷リスニング

解答　1．例えば，(1)N　(2)R　(3)Z など　2．例えば，(1)p　(2)d　(3)g など
3．例えば，Yui など　4．イチゴ　5．サッカーと犬

解説　選ぶ文字は，大文字で発音が紛らわしい B, F, J, M, N, R, V, Z などを確認し，小文字では文字の高さや向きで混乱する b, d, f, g, h, j, k, l, p, q, t, y などを確認する。

〈スプリクト〉

4．What fruit do you like? ―　I like strawberries.

5．Hello.　My name is Ken.　Nice to meet you.　I like soccer.　I like dogs.　Thank you.

Worksheet ❸インタビュー

解説　2では，担任や ALT が子ども一人ひとりに What ... do you like? と尋ね，答えられるかを確認する。果物でも I like bananas. と答えた場合と Bananas. と答えた場合の評価は，普段からどのような指導がなされているかにより，事前に定めた評価規準で判断する。

Worksheet&Test ❹発表（パフォーマンステスト）

解説　1では，書くことも評価に入れるのか，発表を重点的に見るかなど，評価のポイントを定めることが大切である。また，2では，聞く側の子ども達の評価を加えることもできる。

評価規準　話すこと［発表］

【知識・技能】〈知識〉自己紹介の発表の仕方について理解している。〈技能〉自分のことについて全体の前で自己紹介をする技能を身に付けている。

【思考・判断・表現】自分のことについて，基本的な語句や表現を用いて，全体の前で話している。

ルーブリック	A　十分満足できる	B　おおむね満足できる	C　努力を要する
自分のことについて，基本的な語句や表現を用いて話している。	自ら調べた語句や表現を加えて，誰にも分かるように発表している。	基本的な語句や表現を用いて発表している。	発表を途中で終えたり，日本語で話したりしている。

【主体的に学習に取り組む態度】自己紹介では，自分を知ってもらうために，聞き手に配慮しながら発表しようとしている。

Worksheet ❶語彙・並べ替え

<ruby>語<rt>ご</rt>彙<rt>い</rt></ruby>・<ruby>並<rt>なら</rt></ruby>べ<ruby>替<rt>か</rt></ruby>え

番＿＿＿＿＿＿　名前＿＿＿＿＿＿＿＿＿＿

【知識・技能】

1．アルファベットの大文字で，自分の名前を書きましょう。

＿＿＿＿＿＿＿＿＿＿＿＿＿＿＿＿＿＿＿＿＿＿＿＿＿＿
＿＿＿＿＿＿＿＿＿＿＿＿＿＿＿＿＿＿＿＿＿＿＿＿＿＿

2．例を参考に，友達の名前を書きましょう。（はじめは大文字，次からは小文字で書きます）

（例）Kamei Mai ＿＿＿＿＿＿＿＿＿＿＿＿

3．例を参考に，次の質問の答えを書いてみましょう。

（質問）How do you spell your name?

（例）T-A-K-A-H-I-R-O.　Takahiro.

＿＿＿＿＿＿＿＿＿＿＿＿＿＿＿＿＿＿＿＿＿＿＿＿＿＿
＿＿＿＿＿＿＿＿＿＿＿＿＿＿＿＿＿＿＿＿＿＿＿＿＿＿

【思考・判断・表現】

4．次の英語のことばを<ruby>並<rt>なら</rt></ruby>べ<ruby>替<rt>か</rt></ruby>えて，日本語に合う文にしてみましょう。

「私は赤が好きです。」

| like | | red. | | I |

＿＿＿＿＿＿＿＿＿＿＿＿＿＿＿＿＿＿＿＿＿＿＿＿＿＿
＿＿＿＿＿＿＿＿＿＿＿＿＿＿＿＿＿＿＿＿＿＿＿＿＿＿

5．英語の質問に，自分の好きなものを ＿＿＿ に日本語で書き，四線に英語で書いて答えてみましょう。

質問：What food do you like?

「私は ＿＿＿ が好きです。」　　　　＊全文を書きます。

＿＿＿＿＿＿＿＿＿＿＿＿＿＿＿＿＿＿＿＿＿＿＿＿＿＿
＿＿＿＿＿＿＿＿＿＿＿＿＿＿＿＿＿＿＿＿＿＿＿＿＿＿

Worksheet ❷ リスニング

番＿＿＿＿＿＿ 名前＿＿＿＿＿＿＿＿＿＿＿

【知識・技能】

１．英語を聞いて，聞こえたアルファベットを<u>大文字</u>で書きましょう。

(1) ＿＿＿＿＿＿＿＿ (2) ＿＿＿＿＿＿＿＿ (3) ＿＿＿＿＿＿＿＿

２．英語を聞いて，聞こえたアルファベットを<u>小文字</u>で書きましょう。

(1) ＿＿＿＿＿＿＿＿ (2) ＿＿＿＿＿＿＿＿ (3) ＿＿＿＿＿＿＿＿

３．会話を聞いて，名前のつづりを書きましょう。（はじめは大文字，次から
は小文字で書きます）

＿＿＿＿＿＿＿＿＿＿＿＿＿＿＿＿＿＿＿＿＿＿＿＿＿＿＿＿＿＿＿＿＿＿＿

【思考・判断・表現】

４．会話を聞いて，何が好きか考え（　　　　　）に〇をつけましょう。

（　　　　　）　（　　　　　）　（　　　　　）　（　　　　　）

５．自己紹介を聞いて，好きなものを（　　　　　）に〇をつけましょう。（一
つとはかぎりません。）

（　　　　　）　（　　　　　）　（　　　　　）　（　　　　　）

Worksheet ❸ インタビュー

番＿＿＿＿＿＿　名前＿＿＿＿＿＿＿＿＿

【思考・判断・表現】

１．友達と好きな色，スポーツ，食べ物について，たずね合いましょう。

Name	Color（色）	Sport(スポーツ)	Food（食べ物）
（例）先生			

２．先生がたずねたことに答えましょう。

（例）質問：What sport do you like?
　　　答え：I like basketball.

028

番_____ 名前_____

【思考・判断・表現】

1．自己紹介のために，表をつくりましょう。（食べ物やスポーツなど好きなものを二つ書きましょう）

Hello.
My name is _____.
I like _____.
I like _____.
Thank you.

2．友達の発表を聞いて，表に書きましょう。

名前（Name）	好きなもの⑴	好きなもの⑵

> 単 元 名：「When is your birthday? バースデーカードをおくろう」
> 言語材料：When is your birthday? My birthday is .... What do you want for
>   your birthday? I want .... Thank you. Here you are.
> 関連教材：東書（5年U2），光村（5年U2），開隆（5年L2），教出（5年L2）ほか

1 単元の指導目標と指導計画

・指導目標

(1) 誕生日や誕生日に欲しいものについて聞いて理解したり，尋ね合ったりすることができる。

(2) 友達と誕生日や誕生日に欲しいもの，好きなものなどについて伝え合うことができる。

(3) クラスの友達に配慮しながら，誕生日や誕生日に欲しいもの，好きなものなどについて伝え合おうとする。

・指導計画（全7時間）

時間	学習活動	評価規準（評価方法）
第1時	①月日の言い方，誕生日の言い方を知る。 ②月日に関するゲームをする。	【知（聞）】月日の言い方や誕生日の言い方を理解している。
第2時	①スモールトークを聞く。 ②誕生日の言い方を確認する。	【知（読，書）】月日の言い方や誕生日の言い方を理解している。（WS❶）
第3時	①誕生日の会話の確認をする。 ②ペアで誕生日を尋ね合う。	【技（聞）】誕生日の尋ね方や答え方について理解している。（WS❷）
第4時	①欲しいものの言い方を知る。 ②リスニングクイズをする。	【思（聞）】誕生日や欲しいものについて内容を捉えている。（WS❷）
第5時	①クラスの友達と誕生日や欲しいものについて尋ね合う。 ②インタビューに答える。	【思（や）】友達と誕生日や欲しいものについて伝え合っている。（WS❸）
第6時	①自己紹介の文を書く。 ②ペアで練習する。	【思（書）】教科書を参考に，自己紹介文を書き写している。（WS❹） 【主（発）】積極的に練習しようとしている。
第7時	①全体の前で自己紹介する。 ②自己紹介を聞く。	【思（発）】自己紹介している。（T❹） 【思（聞）】内容を捉えている。（T❹）

2 解答・解説

Worksheet ❶語彙・並べ替え

解答　1．(1)5月　　(2)2月　　(3)10月　　(4)4月　　(5)7月　　(6)1月　　(7)3月
(8)12月　　(9)6月　　(10)8月　　(11)11月　　(12)9月

2．(1)January　　(2)October　　(3)July　　(4)December

解説　月を正しく綴れるようになる以前に，月の言い方（音声）と綴りの初めの文字とが記憶されていると，定着も早くなる。

Worksheet ❷リスニング

解答　1．(1)②　　(2)③　　(3)①　　2．(1)11（月）　　(2)9（日）　　(3)3（月）20（日）

3．① Tom-8月21日 -T シャツ　　② Akane-10月8日 - ぼうし　　③ Sho-2月11日 - かさ

解説　〈スクリプト〉1．(1)October 5 th　　(2)December 30th　　(3)January 14th

2．(1)My birthday is November 23rd.　　(2)My birthday is September 9 th.

(3)My birthday is March 20th.

3．① Tom, when is your birthday? －　My birthday is August 21st.

What do you want for your birthday? －　I want a T-shirt.

② Akane, when is your birthday? －　My birthday is October 8 th.

What do you want for your birthday? －　I want a cap.

③ Sho, when is your birthday? －　My birthday is February 11st.

What do you want for your birthday? －　I want an umbrella.

Worksheet ❸インタビュー

解説　1では，クラスの友達と誕生日やその時に欲しいものを尋ね合い，2では，担任やALT が子ども一人ひとりに誕生日や欲しいものを尋ね，答えられるかを確認する。

Worksheet&Test ❹発表（パフォーマンステスト）

解説　1では，教科書を参考に発表原稿を書き写して書いているか確認し，発表はパフォーマンステストとして評価する。2では，聞く側の子ども達の評価（内容を捉えて聞いているかなど）を加えることもできる。

評価規準　話すこと［発表］

【知識・技能】〈技能〉誕生日や欲しいものを加えて自己紹介する技能を身に付けている。

【思考・判断・表現】誕生日や欲しいものを加えて自己紹介をしている。

ルーブリック	A　十分満足できる	B　おおむね満足できる	C　努力を要する
誕生日や欲しいものを加えて自己紹介をしている。	誰にも分かるように情報を加え，工夫して発表している。	基本的な語句や表現を用いて発表している。	発表を途中で終えたり，日本語で話したりしている。

【主体的に学習に取り組む態度】積極的に自己紹介しようとしている。

Worksheet ❶語彙・並べ替え

番＿＿＿＿＿ 名前＿＿＿＿＿＿＿＿＿

【知識・技能】

1．次の英語は，何月のことですか。教科書を参考に書きましょう。

(1) May ＿＿＿＿＿＿　(2) February ＿＿＿＿＿＿

(3) October ＿＿＿＿＿＿　(4) April ＿＿＿＿＿＿

(5) July ＿＿＿＿＿＿　(6) January ＿＿＿＿＿＿

(7) March ＿＿＿＿＿＿　(8) December ＿＿＿＿＿＿

(9) June ＿＿＿＿＿＿　(10) August ＿＿＿＿＿＿

(11) November ＿＿＿＿＿＿　(12) September ＿＿＿＿＿＿

2．次の行事は何月にあるか， ☐ から選び，書き写しましょう。

(1)正月

＿＿＿＿＿＿＿＿＿＿＿＿

(2)ハロウィン

＿＿＿＿＿＿＿＿＿＿＿＿

(3)七夕

＿＿＿＿＿＿＿＿＿＿＿＿

(4)クリスマス

＿＿＿＿＿＿＿＿＿＿＿＿

| October | January | December | July |

3．自分の誕生日を教科書を参考に，英語で書いてみましょう。

「私の誕生日は〇月〇日です。」

My　birthday is ＿＿＿＿＿＿＿＿＿＿ ＿＿＿＿＿＿＿＿．

Worksheet ❷ リスニング

番＿＿＿＿＿＿ 名前＿＿＿＿＿＿＿＿＿＿

【知識・技能】

1. 英語を聞いて，内容に合う絵を①～③から一つ選び，（　　　）に番号を書きましょう。

(1) （　　　　　　　） 　(2) （　　　　　　　） 　(3) （　　　　　　　）

①
```
1月
14
```

②
```
10月
5
```

③
```
12月
30
```

2. 英語を聞いて，3人の誕生日を書きましょう。

(1)ゆい（Yui）　　(2)たかひろ（Takahiro）　(3)まい（Mai）

（　　　）月23日　　9月（　　　）日　　（　　）月（　　）日

3. 会話を聞いて，3人の誕生日とほしいものを線でむすびましょう。

名前	誕生日	ほしいもの
(1) Tom　・	・　2月11日　・	・　ぼうし
(2) Akane　・	・　8月21日　・	・　かさ
(3) Sho　・	・　10月8日　・	・　Tシャツ

Worksheet ❸ インタビュー

【思考・判断・表現】

1. 友達と誕生日と誕生日にほしいものについて，たずね合いましょう。

Name	誕生日	ほしいもの
（例）先生		

2. 先生がたずねたことに答えましょう。

（例）質問：When is your birthday?
　　　答え：My birthday is October 5 th.
　　　質問：What do you want for your birthday?
　　　答え：I want a computer.

❹発表（パフォーマンステスト）

番＿＿＿＿＿＿　名前＿＿＿＿＿＿＿＿＿＿

【思考・判断・表現】

１．自己紹介のために，誕生日と誕生日にほしいものを書きましょう。

Hello.

My name is ＿＿＿＿＿＿＿＿＿＿＿＿＿＿＿＿＿＿．

My birthday is ＿＿＿＿＿＿＿＿＿＿＿＿＿＿＿．

I want ＿＿＿＿＿＿＿＿＿＿＿＿ for my birthday.

Thank you.

２．友達の発表を聞いて，表に書きましょう。

名前（Name）	誕生日	誕生日にほしいもの

Grade5 | Unit3　時間割

単 元 名：「What do you have on Mondays? 職業につくための時間割を作ろう」
言語材料：What subject do you like?　I like ... and ....　What do you have on ...?
　　　　　I have ..., ... and ....
関連教材：東書（5年U3），光村（5年U3），開隆（5年L3），教出（5年L3）ほか

1　単元の指導目標と指導計画

・指導目標

(1)　学びたい教科やなりたい職業を伝える語句や表現を身に付けることができる。

(2)　学びたい教科やなりたい職業を伝えるために，場面や状況などに応じて，学習した語句や表現を選択したり付け加えたりして伝え合うことができる。

(3)　他者に配慮しながら，学びたい教科やなりたい職業を主体的に伝えようとする。

・指導計画（全7時間）

時間	学習活動	評価規準（評価方法）
第1時	①スモールトークを聞く。 ②教科や時間割の言い方を知る。	【知（聞）】教科や時間割の表現を知り，理解している。
第2時	①時間割を聞く。 ②教科の尋ね方を知る。	【知（読，書）】教科名や曜日を理解している。（WS❶）
第3時	①ペアで好きな教科を尋ねる。 ②リスニングクイズをする。	【技（聞）】教科について聞き取る技能を身に付けている。（WS❷）
第4時	①職業の尋ね方を知る。 ②ペアで職業を尋ね合う。	【知（読）】職業の言い方を理解している。（WS❶） 【思（聞）】教科や職業名を聞き取っている。（WS❷）
第5時	①友達と学びたい教科となりたい職業について尋ね合う。 ②インタビューテストをする。	【思（や）】友達と学びたい教科となりたい職業について伝え合っている。（WS，T❸） 【思（や）】学びたい教科となりたい職業について確認する。（WS❸）
第6時	①グループで夢の時間割についての発表の準備をする。 ②発表の練習をする。	【主（発）】発表のためのポスターを積極的に作成しようとしている。（WS❹）
第7時	①全体の前で発表する。 ②発表を聞く。	【思（発）】夢の時間割を発表している。（T❹） 【思（聞）】内容を捉えている。（T❹）

2 解答・解説

Worksheet ❶語彙・並べ替え

解答 　1．(1)社会　　(2)理科　　(3)図画工作　　(4)音楽　　(5)家庭科　　(6)英語　　(7)道徳

(8)国語　　(9)書写　　(10)算数　　(11)体育　　(12)総合的な学習の時間

2．(1)⬚S　　(2)⬚M　　(3)⬚T　　(4)⬚W　　(5)⬚T　　(6)⬚F　　(7)⬚S

3．(1)パン屋　　(2)歌手　　(3)先生　　(4)芸術家　　(5)医者　　(6)花屋　　(8)警察官

解説 　この単元は新出語彙も多く，復習を兼ねて，授業で定着を確認することが必要である。

Worksheet ❷リスニング

解答 　1．(1)理科　　(2)社会　　(3)家庭科　　2．(1)木曜日　　(2)金曜日　　(3)月曜日

3．(1)理科—医者　　(2)図工—芸術家　　(3)体育—警察官

解説 　〈スクリプト〉1．(1)I like science.　　(2)I like social studies.

(3)I like home economics.

2．(1)I have Japanese, math, science and music.

(2)I have math, English, P.E. and social studies.

(3)I have Japanese, math, science and social studies.

3．(1)What do you want to study?　—　I want to study science.

What do you want to be?　—　I want to be a doctor.

(2)What do you want to study?　—　I want to study arts and crafts.

What do you want to be?　—　I want to be an artist.

(3)What do you want to study?　—　I want to study P.E.

What do you want to be?　—　I want to be a police officer.

Worksheet&Test ❸インタビュー

解説 　1では，友達と勉強したい教科となりたい職業を尋ね合い，2では，担任やALTが子ども一人ひとりに勉強したい教科となりたい職業を尋ねて，答えられるかを確認する。

評価規準 　話すこと［やりとり］

【知識・技能】〈知識〉勉強したい教科となりたい職業を尋ねる表現を理解している。

【思考・判断・表現】勉強したい教科となりたい職業について伝え合っている。

ルーブリック	A　十分満足できる	B　おおむね満足できる	C　努力を要する
勉強したい教科となりたい職業について伝え合っている。	自ら調べた語句や表現を加えて，分かりやすく伝え合っている。	基本的な語句や表現を用いて伝え合っている。	相手に伝わらなかったり，日本語で話したりしている。

【主体的に学習に取り組む態度】教科と職業について，積極的に伝え合おうとしている。

Worksheet&Test ❹発表（パフォーマンステスト）

解説 　1で発表のためのポスターを作成し，2で発表の概要を捉えているか評価する。

Worksheet ❶ 語彙・並べ替え

<ruby>語<rt>ご</rt></ruby><ruby>彙<rt>い</rt></ruby>・<ruby>並<rt>なら</rt></ruby>べ<ruby>替<rt>か</rt></ruby>え

番＿＿＿＿＿＿ 名前＿＿＿＿＿＿＿＿＿＿＿

【知識・技能】

１．次の英語の科目名を，教科書を参考に書きましょう。

(1) social studies ＿＿＿＿＿＿＿＿ (2) science ＿＿＿＿＿＿＿＿＿

(3) arts and crafts ＿＿＿＿＿＿＿ (4) music ＿＿＿＿＿＿＿＿＿＿

(5) home economics ＿＿＿＿＿＿ (6) English ＿＿＿＿＿＿＿＿＿

(7) moral education ＿＿＿＿＿＿ (8) Japanese ＿＿＿＿＿＿＿＿

(9) calligraphy ＿＿＿＿＿＿＿＿ (10) math ＿＿＿＿＿＿＿＿＿＿

(11) P.E. ＿＿＿＿＿＿＿＿＿＿＿ (12) period for integrated study

＿＿＿＿＿＿＿＿＿＿＿＿

２．次の ☐ にアルファベットの大文字を入れて，曜日を完成させましょう。

(1) ＿＿＿＿ unday　　(2) ＿＿＿＿ onday　　(3) ＿＿＿＿ uesday

(4) ＿＿＿＿ ednesday　(5) ＿＿＿＿ hursday　(6) ＿＿＿＿ riday

(7) ＿＿＿＿ aturday

３．次の英語の表す<ruby>職業名<rt>しょくぎょうめい</rt></ruby>を教科書を参考に，線でむすびましょう。

(1) baker　　　　　　・　　　　　　　・先生
(2) singer　　　　　　・　　　　　　　・花屋
(3) teacher　　　　　・　　　　　　　・パン屋
(4) artist　　　　　　・　　　　　　　・歌手
(5) doctor　　　　　・　　　　　　　・警察官
(6) florist　　　　　・　　　　　　　・医者
(7) police officer　　・　　　　　　　・芸術家

Worksheet ❷ リスニング

番_____　名前_____

【知識・技能】

１．英語を聞いて，好きな科目を（　　　　）に書きましょう。

(1)（　　　　　　　　）(2)（　　　　　　　　　）(3)（　　　　　　　　　）

【思考・判断・表現】

２．英語を聞いて，何曜日の時間割か書きましょう。１時間目から順に言います。

(1)（　　　　　　　　）(2)（　　　　　　　　　）(3)（　　　　　　　　　）

	月曜日	火曜日	水曜日	木曜日	金曜日
１時間目	国語	算数	国語	国語	算数
２時間目	算数	英語	道徳	算数	英語
３時間目	理科	社会	図工	理科	体育
４時間目	社会	体育	体育	音楽	社会

３．会話を聞いて，３人のそれぞれの学びたい科目となりたい職業を線でむすびましょう。

名前　　　　　　　学びたい科目　　　　　　なりたい職業

(1) Yuki　　・　　　　・　体育　・　　　　　　・芸術家

(2) Hiroshi　・　　　　・　理科　・　　　　　　・警察官

(3) Saki　　・　　　　・　図工　・　　　　　　・医者

Worksheet&Test ❸ インタビュー

番_____ 名前_____

【思考・判断・表現】

１．友達と勉強したい教科となりたい職業について，たずね合いましょう。

Name	教科	なりたい職業
（例）先生		

２．先生がたずねたことに答えましょう。

（例）質問：What do you want to study?
　　　答え：I want to study <u>music</u>.
　　　質問：What do you want to be?
　　　答え：I want to be <u>a singer</u>.

Worksheet&Test ❹発表（パフォーマンステスト）

番＿＿＿＿＿＿名前＿＿＿＿＿＿＿＿＿＿

【思考・判断・表現】

1．グループで時間割を作り，「夢の時間割」を発表しましょう。

	Monday	Tuesday	Wednesday	Thursday	Friday
1時間目					
2時間目					
3時間目					
4時間目					
5時間目					

2．グループの発表を聞いて，思ったことを表に書きましょう。

グループ名（Name）	発表の良かったところ	発表の中で，直したらもっと良くなるところ

単 元 名：「What time do you get up? 自分の一日の生活をしょうかいしよう」
言語材料：Do you take out the garbage? Yes, I do. / No, I don't. I usually [always / sometimes / never] wash dishes. What time do you go to bed? I usually go to bed at 10:00.
関連教材：東書（6年U2），光村（5年U4），開隆（6年L2），教出（5年L4）ほか

1　単元の指導目標と指導計画

・指導目標

(1)　一日の生活に関する語句や表現を身に付けることができる。

(2)　自分たちの生活について伝える目的や場面，状況などに応じて，学習した語句や表現を選択したり付け加えたりして伝え合うことができる。

(3)　他者に配慮しながら，自分の一日の生活について主体的に話そうとする。

・指導計画（全7時間）

時間	学習活動	評価規準（評価方法）
第1時	①スモールトークを聞く。 ②一日の生活の表現を知る。	【知（聞）】一日の生活の表現を知り，理解している。
第2時	①チャンツをする。 ②一日の生活に関するゲームをする。	【知（読，書）】一日の生活に関する表現を理解している。（WS❶）
第3時	①ペアやグループで一日の生活について尋ね合う。 ②手伝いや頻度の表現を知る。	【知（や）】一日の生活に関する表現を理解している。
第4時	①手伝いの頻度を尋ね合う。 ②リスニングクイズをする。	【技（聞）】職業の言い方や頻度を聞き取る技能を身に付けている。（WS❷）
第5時	①クラスの友達と一日の生活について尋ね合う。 ②インテビューテストをする。	【思（や）】一日の生活について伝え合っている。（WS❸） 【思（や）】一日の生活について確認する。（WS❸）
第6時	①一日の生活についての発表の準備をする。 ②発表の練習をする。	【思（書）】発表のための原稿を作成している。（WS❹）
第7時	①全体の前で発表する。 ②発表を聞く。	【思（発）】発表している。（T❹） 【思（聞）】内容を捉えている。（T❹）

2 解答・解説

Worksheet ❶語彙・並べ替え

解答 1．(1)起きる　　(2)朝食を食べる　　(3)学校に行く　　(4)昼食を食べる
(5)家に帰る　　(6)夕食を食べる　　(7)風呂に入る　　(8)宿題をする　　(9)テレビを見る
(10)寝る

2．(1) wash　　(2) clean　　(3) walk　　(4) cook

3．(1) always　　(2) usually　　(3) sometimes　　(4) never

解説　この単元は，新出の動詞が多く，1，2の問題でも，何度も発音しながら英語を書くことが定着につながる重要なポイントである。

Worksheet ❷リスニング

解答 1．(1)6：30　　(2)7：30　　(3)8：00　　(4)10：30

2．(1)ふだんは　　(2)いつも　　(3)ときどき　　3．(1)7：45　　(2)5：30

解説　〈スクリプト〉1．(1) I get up at 6：30.　　(2) I go to school at 7：30.
(3) I take a bath at 8：00.　　(4) I go to bed at 10：30.

2．(1) I usually clean my room.　　(2) I always wash the dishes.
(3) I sometimes cook dinner.

3．(1) What time do you eat breakfast?　―　I eat breakfast at 7：45.
(2) What time do you do your homework?　―　I do homework at 5：30.

Worksheet ❸インタビュー

解説　1では，クラスの中で「一番早く起きる子」「一番遅くまで起きている子」やクラスの「平均起床時間」などを調査する目的で，友達にインタビューすることで，活動の必然性が生まれてくる。また，2では，さまざまな活動を通して，子ども一人ひとりが，起床時間や就寝時間を尋ねられて，答えられるようになっているかを確認する。

Worksheet&Test ❹発表（パフォーマンステスト）

解説　1では，個々の発表を評価し，2では，発表の概要を捉えているかを評価する。

評価規準　話すこと［発表］
【知識・技能】〈技能〉一日の生活について，基本的な表現を用いて話す技能を身に付けている。
【思考・判断・表現】一日の生活について，基本的な表現を用いて話している。

ルーブリック	A　十分満足できる	B　おおむね満足できる	C　努力を要する
一日の生活について，基本的な表現を用いて話している。	自ら調べた語句や表現を用いて，工夫しながら，発表している。	基本的な内容について，基本的な語句や表現で発表している。	発表を途中で終えたり，日本語で話したりしている。

【主体的に学習に取り組む態度】主体的に英語を用いて話そうとしている。

Worksheet ❶語彙・並べ替え

番＿＿＿＿＿＿ 名前＿＿＿＿＿＿＿＿＿＿＿

【知識・技能】

1．次の英語の意味を，教科書を参考に書きましょう。

(1) get up ＿＿＿＿＿＿＿　(2) eat breakfast ＿＿＿＿＿＿＿

(3) go to school ＿＿＿＿＿＿＿　(4) eat lunch ＿＿＿＿＿＿＿

(5) go home ＿＿＿＿＿＿＿　(6) eat dinner ＿＿＿＿＿＿＿

(7) take a bath ＿＿＿＿＿＿＿　(8) do my homework ＿＿＿＿＿＿＿

(9) watch TV ＿＿＿＿＿＿＿　(10) go to bed ＿＿＿＿＿＿＿

2．次の意味になるように，□に正しい語を選んで完成させましょう。

(1)「皿を洗う」 ＿＿＿＿＿＿＿＿＿＿＿＿＿ the dishes

(2)「部屋をそうじする」 ＿＿＿＿＿＿＿＿＿＿＿＿＿ my room

(3)「犬の散歩をする」 ＿＿＿＿＿＿＿＿＿＿＿＿＿ the dog

(4)「夕食をつくる」 ＿＿＿＿＿＿＿＿＿＿＿＿＿ dinner

walk	clean	cook	wash

3．次の英語を，回数の多い順に並べて書きましょう。

sometimes　always　never　usually

(1) ＿＿＿＿＿＿＿ (100%) > (2) ＿＿＿＿＿＿＿ (約80%) >

(3) ＿＿＿＿＿＿＿ (約20〜30%) > (4) ＿＿＿＿＿＿＿ (0 %)

Worksheet ❷ リスニング

番＿＿＿＿＿＿名前＿＿＿＿＿＿＿＿＿＿

【知識・技能】

１．英語を聞いて，一日の生活の時間を（　　　　　）に入れましょう。

(1) （　　　　　　）に起きます。

(2) （　　　　　　）に学校に行きます。

(3) （　　　　　　）に風呂に入ります。

(4) （　　　　　　）に寝ます。

・６：３０（朝） ・７：００（朝） ・７：３０（朝） ・８：００（夜） ・１０：００（夜） ・１０：３０（夜）

【思考・判断・表現】

２．英語を聞いて，三人が家の手伝いをどれくらいするか（　　　　　　）に書きましょう。

(1) （　　　　　　）部屋をそうじします。

(2) （　　　　　　）食器を洗います。

(3) （　　　　　　）夕食をつくります。

・いつも ・ときどき ・ふだんは

３．会話を聞いて，質問に答えましょう。

(1)何時に朝ご飯を食べますか。　　　（　　　　　　　　　）

(2)何時に宿題をしますか。　　　　　（　　　　　　　　　）

Worksheet ❸ インタビュー

番＿＿＿＿＿名前＿＿＿＿＿＿＿＿

【思考・判断・表現】

1．友達と一日の生活について，たずね合いましょう。

Name	起きる時間 get up	登校の時間 go to school	夕食の時間 eat dinner	寝る時間 go to bed
（例：先生）				

2．先生がたずねたことに答えましょう。

（例）質問：What time do you get up?
　　　答え：I get up at 6 : 45 .
　　　質問：What time do you go to bed?
　　　答え：I go to bed at 10 : 30 .

Worksheet&Test ❹発表（パフォーマンステスト）

番＿＿＿＿＿＿　名前＿＿＿＿＿＿＿＿＿

【思考・判断・表現】

1．自分の一日の生活について，発表のための原稿（げんこう）をつくりましょう。

（〔　　　　〕には，夜の8時にしていることを書きましょう）

Hello.

I （＿＿＿＿＿＿＿＿） at （　　　　　）.（起きる時間）

I 〔＿＿＿＿＿＿＿＿＿＿＿＿＿〕 at 8：00.（夜）

I （＿＿＿＿＿＿＿＿） at （　　　　　）.（寝る時間）

Thank you.

2．友達の発表を聞いて，表に書きましょう。

名前（Name）	起きる時間	8時にすること	寝る時間

単 元 名：「He can run fast. She can play the piano. 身近な人をしょうかいしよう」

言語材料：[I / You / He / She][can / can't] play the piano. Can you play the
　　　　　piano? Yes, I can. / No, I can't.

関連教材：東書（5年U4），光村（5年U5），開隆（5年L4），教出（5年L5）ほか

1　単元の指導目標と指導計画

・指導目標

(1)　できることやできないことの表現を理解し，自分や友達のことについて，相手と伝え合う
　　ことができる。

(2)　できることやできないことについて，自分や友達のことについて，基本的な語彙や表現を
　　用いて発表することができる。

(3)　学校内の教職員や友達のできることやできないことについて，聞き手に配慮しながら発表
　　しようとしたり，積極的に相手の話を聞いて理解しようしたりする。

・指導計画（全7時間）

時間	学習活動	評価規準（評価方法）
第1時	①スモールトークを聞く。 ②他己紹介の表現を知る。	【知（聞）】can や can't を用いた表現を知り，理解している。
第2時	①チャンツをする。 ② can や can't のゲームをする。	【知（読，書）】さまざまな動作（動詞）の表現を理解している。（WS❶）
第3時	①リスニングクイズをする。 ②ペアやグループでできることできないことを尋ね合う。	【技（聞）】できることできないこと，さまざまな動作（動詞）の表現を聞き取る技能を身に付けている。（WS❷）
第4時	①自分のできることを書く。 ②クラスの友達とできることできないことを尋ね合う。	【技（書）】自分のできることを書く技能を身に付けている。（WS❶） 【思（や）】できることを伝え合っている。（WS❸）
第5時	①グループで，クラスの友達の他己紹介をする。 ②インテビューテストをする。	【思（や）】できることできないことを確認する。（WS❸）
第6時	①他己紹介の準備をする。 ②発表の練習をする。	【思（書）】発表のための原稿を作成している。（WS❹）
第7時	①全体の前で発表する。 ②発表を聞く。	【思（発）】発表している。（T❹） 【思（聞）】内容を捉えている。（T❹）

第5学年・ユニット5

2 解答・解説

Worksheet ❶語彙・並べ替え

解答 1．(1)③　(2)④　(3)②　(4)⑤　(5)①

2．(1)Ken can cook well.　(2)Can she run fast?

解説 3では，特にcan，動詞，目的語の語順が正しいか，単語と単語の間にスペースが置かれているかに注目する。これらに課題がある場合には，何度も繰り返し指導することが重要である。ここが，英語ができるようになるか，できないままかの分岐点でもある。

Worksheet ❷リスニング

解答 1．(1)③　(2)①　(3)②

2．(1)○　(2)×　(3)○

3．(1)野球をすること　(2)速く泳ぐこと　(3)けん玉をすること

解説 〈スクリプト〉1．(1)I can play the recorder.　(2)She can run fast.

(3)He can cook.

2．(1)Can you play table tennis?　—　Yes, I can.

(2)Can he sing well?　—　No, he can't.

(3)Can she do judo?　—　Yes, she can.

3．Ken can play baseball. He can swim fast. But, he can't do *kendama*.

Worksheet ❸インタビュー

解説 1は，クラスの友達に，サッカー，けん玉，水泳，料理がそれぞれできるかどうか尋ね合う活動である。これを情報源にして，発表へとつなげる。このことから，集中して積極的に尋ね合うように仕向けることが重要である。なお，項目の中には，できなくても特に問題がないものを入れておくことが，いじめの元凶にならない配慮である。クラスの状況を見据えて内容を変えてみることである。

Worksheet&Test ❹発表（パフォーマンステスト）

解説 1では他己紹介の発表を評価し，2では発表の概要を捉えているかを評価する。

評価規準 話すこと［発表］

【知識・技能】〈技能〉できることやできないことについて紹介する技能を身に付けている。

【思考・判断・表現】友達のできることやできないことについて，話している。

ルーブリック	A　十分満足できる	B　おおむね満足できる	C　努力を要する
友達のできることやできないことについて，話している。	友達のことについて，工夫して，詳しく発表している。	おおむね，友達のことについて発表している。	発表を途中で終えたり，日本語で話したりしている。

【主体的に学習に取り組む態度】聞き手に配慮しながら発表しようとしている。

Worksheet ❶語彙・並べ替え

番＿＿＿＿＿　名前＿＿＿＿＿＿＿＿

【知識・技能】

１．次の英語とその意味を線でむすびましょう。

(1) sing ・　　　　　　　　　　・①泳ぐ
(2) ride a unicycle ・　　　　　　　　　　・②ピアノをひく
(3) play the piano ・　　　　　　　　　　・③歌う
(4) do *kendama* ・　　　　　　　　　　・④一輪車に乗る
(5) swim ・　　　　　　　　　　・⑤けん玉をする

２．次の意味になるように，単語を並べ替えて正しい文にしましょう。

(1)「健（Ken）は料理をじょうずに作ることができます。」

| cook | well | can | Ken |

　　　　　　　　　　　　　　　　　　　　　　．

(2)「彼女ははやく走ることはできますか。」

| she | Can | fast | run |

　　　　　　　　　　　　　　　　　　　　　　？

３．自分のできることを，教科書を参考に英語で書いてみましょう。

　　　　　　　　　　　　　　　　　　　　　　．

Worksheet ❷ リスニング

番＿＿＿＿＿名前＿＿＿＿＿＿＿＿

【知識・技能】

1. 英語を聞いて，内容に合う絵を①～③から選んで（　　　）に入れましょう。

(1) （　　　　　　　） (2) （　　　　　　　　） (3) （　　　　　　　　）

【思考・判断・表現】

2. 会話を聞いて，できる場合には〇，できない場合には×を（　　　）に書きましょう。

(1) （　　　　　　　） (2) （　　　　　　　　） (3) （　　　　　　　　）

3. 英語を聞いて，できることやできないことを（　　　）に書きましょう。

(1)できること　　　　　（　　　　　　　　　　　　　　　　　　　　　　）

(2)できること　　　　　（　　　　　　　　　　　　　　　　　　　　　　）

(3)できないこと　　　　（　　　　　　　　　　　　　　　　　　　　　　）

Worksheet ❸ インタビュー

番＿＿＿＿＿＿　名前＿＿＿＿＿＿＿＿＿

【思考・判断・表現】

１．友達と，できること（〇）できないこと（×）について，たずね合いましょう。

Name	サッカー play soccer	けん玉 do *kendama*	水泳 swim	料理 cook
（例）先生				

２．先生がたずねたことに答えましょう。

（例）質問：Can you do *kendama*?
　　　答え：Yes, I can. / No, I can't.
　　　質問：Can you cook?
　　　答え：Yes, I can. / No, I can't.

❹発表（パフォーマンステスト）

番＿＿＿＿＿＿名前＿＿＿＿＿＿＿＿

【思考・判断・表現】

1. クラスの友達のできることやできないことを三つ書いて，発表のための原稿_{こう}をつくりましょう。

Hello. My Friend is	＿＿＿＿＿＿＿＿＿＿＿＿＿＿＿.
He/She can/can't	＿＿＿＿＿＿＿＿＿＿＿＿＿＿＿.
He/She can/can't	＿＿＿＿＿＿＿＿＿＿＿＿＿＿＿.
He/She can/can't	＿＿＿＿＿＿＿＿＿＿＿＿＿＿＿.
Thank you.	

2. 友達の発表を聞いて，表に書きましょう。

名前（Name）	できること できないこと	できること できないこと	できること できないこと

Grade5 │ Unit6　道案内

単 元 名：「Where is your treasure? 宝物への道案内をしよう」
言語材料：Where is the post office?　Turn [right / left] (at the school).　You can see it on your [right / left]. It's [on / in / under / by] the desk.
関連教材：東書（5年U5），光村（5年U8），開隆（5年L5），教出（5年L8）ほか

1　単元の指導目標と指導計画

・指導目標

(1)　場所や位置を表す語句や，道案内に関する表現について理解し，相手の伝えていることを聞き取ることができる。

(2)　宝物のかくし場所を伝えるために，基本的な表現を用いて，道案内をすることができる。

(3)　他者に配慮しながら，建物やものの位置，場所を伝え合ったり道案内したりしようとしている。

・指導計画（全7時間）

時間	学習活動	評価規準（評価方法）
第1時	①スモールトークを聞く。 ②建物や道案内の言い方を知る。	【知（聞）】建物の名前や道案内の表現を知り，理解している。
第2時	①場所の尋ね方を知る。 ②道案内を聞く。	【知（読，書）】建物や場所の言い方を理解している。（WS❶）
第3時	①リスニングクイズをする。 ②ペアで道案内をする。	【技（聞）】建物や道案内の表現を聞き取る技能を身に付けている。（WS❷）
第4時	①位置を表す言い方を知る。 ②リスニングクイズをする。	【思（聞）】ものの位置についての内容を捉えている。（WS❶❷）
第5時	①友達と道案内をしている（場所は自由に考える）。 ②インタビューテストをする。	【思（や）】地図を使って，道案内をしている（場所は自由に考える）。（WS❸）
第6時	①ペアやグループで道案内の練習をする。 ②次時の道案内に向けて，尋ねる場所を書く。	【主（や）】積極的に練習しようとしている。 【思（書）】道を尋ねる表現や答える表現を書き写している。（WS❹）
第7時	①全体の前で，ペアで道案内をする（場所は教師が指示）。 ②道案内を聞く。	【思（や）】全体の前で，道案内している。（T❹） 【思（聞）】道案内の内容を捉えている。（T❹）

2 解答・解説

Worksheet ❶語彙・並べ替え

解答　1．(1)④　　(2)②　　(3)③　　(4)①　　(5)⑥　　(6)⑤

　　　2．(1)箱の下　　(2)箱の脇　　(3)箱の上

　　　3．The book is on the desk.

解説　この単元は新出語彙が多く，加えて前置詞（on, under, by, in）も学習することから，何度も口頭練習をして，音声に慣れ親しませることが大切である。

Worksheet ❷リスニング

解答　1．(1)図書館　　(2)病院　　(3)レストラン　　2．(1)②　　(2)③　　(3)①

解説　〈スクリプト〉1．(1)Go straight. Go straight. Turn right. Go straight.
Go straight. Go straight. You can see it on your left.

(2)Go straight. Go straight. Turn left. Go straight. Go straight. Go straight.
You can see it on your right.

(3)Go straight. Go straight. Go straight. Go straight. Turn right. Go straight.
You can see it on your left.

2．(1)The cat is on the desk.　　(2)The cat is by the desk.

(3)The cat is under the desk.

Worksheet ❸インタビュー

解説　1では，ペアで，一方が行きたい場所を尋ね，それに対し，相手が正しくその場所まで連れて行ったかをワークシートに書き入れる。尋ねる側と答える側が正しければ正確な場所に着き，一方が間違うと異なる場所にたどり着く。これで評価することも可能である。2では，地図を使い，道案内の表現が身に付いているかを確認する。

Worksheet&Test ❹発表（パフォーマンステスト）

解説　最終授業では，パフォーマンステストとして，適当なペアをつくり，教師が行き先を指示して道案内をさせ，それを評価する。事前に1では道案内の表現を練習し，2では，他の子供たちの道案内を聞いて評価し，自らの道案内の技能の向上を図る。

評価規準　話すこと［やりとり］

【知識・技能】〈技能〉道案内の技能を身に付けている。

【思考・判断・表現】道案内に関する基本的な表現を用いて伝え合っている。

ルーブリック	A　十分満足できる	B　おおむね満足できる	C　努力を要する
道案内に関する基本的な表現を用いて伝え合っている。	相手に正しく伝わるように，工夫しながら伝え合っている。	道案内の基本的な表現を用いて伝え合っている。	相手に伝わらなかったり，日本語で話したりしている。

【主体的に学習に取り組む態度】基本的な語句や表現を用いて伝え合おうとしている。

Worksheet ❶ 語彙・並べ替え

番＿＿＿＿＿＿名前＿＿＿＿＿＿＿＿＿＿＿＿

【知識・技能】

1．次の建物や場所の名前を，□□□から選び，番号を書きましょう。

(1) post office ＿＿＿＿＿＿　　(2) school ＿＿＿＿＿＿

(3) library ＿＿＿＿＿＿　　(4) hospital ＿＿＿＿＿＿

(5) flower shop ＿＿＿＿＿＿　　(6) park ＿＿＿＿＿＿

①病院　②学校　③図書館　④郵便局　⑤公園　⑥花屋

2．例を参考に，英語の表す場所に○を描きなさい。

（例）in

(1) under

(2) by

(3) on

【思考・判断・表現】

3．次の英語のことばを並べ替えて，日本語に合う文にしましょう。

「本は机の上にあります。」　the desk　　The book　　on　　is

＿＿＿＿＿＿＿＿＿＿＿＿＿＿＿＿＿＿＿＿＿＿＿＿＿＿＿＿＿＿

Worksheet ❷ リスニング

番＿＿＿＿＿＿名前＿＿＿＿＿＿＿＿＿

【知識・技能】

1. 英語を聞いて，どこへ道案内しているか，（　　　）に建物や場所の名前を日本語で書きましょう。（あなたは，A の場所にいます）

police station	park	restaurant	post office
hospital	flower shop	school	library
station	convenience store	supermarket	bookstore

Ⓐ

(1) (　　　　　　　) (2) (　　　　　　　) (3) (　　　　　　　)

【思考・判断・表現】

2. 英語を聞いて，内容に合った絵の番号を（　　　　　）に書きましょう。

(1) (　　　　　　　) (2) (　　　　　　　) (3) (　　　　　　　)

Worksheet ❸ インタビュー

番＿＿＿＿＿＿　名前＿＿＿＿＿＿＿＿＿＿

【思考・判断・表現】

1．教科書の地図を使って，友達と道案内をし，お互いに目的地にたどり着い
　たかどうかを書きましょう。（たどり着いたら〇，たどり着かなかったら×）

友達が名前	友達の 行きたい場所	友達を目的地に 案内できたか？	友達に たずねた場所	目的地までたど り着けたか？
（例）まい	駅	〇	郵便局	×

2．先生がたずねたことに答えましょう。

　（例）質問：Where is the convenience store?
　　　　答え：Ok. Go straight. Turn left. You can see it on your left.
　　　　質問：Where is the bag?
　　　　答え：It is by the desk.

Worksheet&Test ❹発表（パフォーマンステスト）

番＿＿＿＿＿＿　名前＿＿＿＿＿＿＿＿＿

【思考・判断・表現】

1．次の意味になるように，［　　　　］内を参考に，英語を書き写しましょう。
　（書く時には，何度も発音しながら書きましょう）

　(1)「図書館はどこですか？」　　［ library, is, the ］

　Where ＿＿＿＿＿＿＿＿＿＿＿＿＿＿＿＿＿＿＿＿＿＿＿＿＿＿＿？

　(2)「右に病院がありますよ。」

　［ your, see, on, the, hospital, right ］

　You can ＿＿＿＿＿＿＿＿＿＿＿＿＿＿＿＿＿＿＿＿＿＿＿＿＿＿．

【思考・判断・表現】

2．グループの発表を聞いて，思ったことを表に書きましょう。

二人の名前（Name）		道案内の良かったところ	道案内の中で，直したら もっと良くなるところ

Grade5 | Unit7　食べ物の注文

> 単 元 名：「What would you like? 食べ物を注文しよう」
> 言語材料：What would you like?　…, please.　I'd like …. How much is this?
> 関連教材：東書（5年U6），光村（5年U7），開隆（5年L8），教出（5年L7）ほか

1　単元の指導目標と指導計画

・指導目標

(1) 丁寧に尋ねる What would you like? やそれに対する答え方 I'd like …. を理解し，相手と伝え合うことができる。

(2) 丁寧に注文を尋ねたり答えたりして，やり取りできる。

(3) 誰とでもコミュニケーションを図り，積極的に他者に配慮し，丁寧に尋ねたり答えたりしながらやり取りしようとする。

・指導計画（全7時間）

時間	学習活動	評価規準（評価方法）
第1時	①スモールトークを聞く。 ②食べ物や値段の言い方を知る。	【知（聞）】食べ物や値段の表現を知り，理解している。
第2時	①チャンツをする。 ②丁寧な注文の尋ね方，丁寧な注文の仕方を知る。	【知（読，書)】食べ物や値段，注文の表現を理解している。（WS❶）
第3時	①ペアで食べ物の注文をし合う。 ②リスニングクイズをする。	【技（聞）】食べ物，丁寧な注文の表現を聞き取る技能を身に付けている。（WS❷）
第4時	①ペアやグループで値段も含めて食べ物の注文をし合う。 ②リスニングクイズをする。	【思（聞）】食べ物や値段，丁寧な注文の表現を聞き取っている。（WS❷）
第5時	①クラスを二つに分け，店員と客とで食べ物の注文をする。 ②インタビューテストをする。	【思（や）】丁寧な表現を用いて，食べ物の注文をし合っている。（WS❸） 【思（や）】丁寧な表現を用いて，食べ物の注文や値段を伝えている。（WS❸）
第6時	①食べ物の注文を書いてやり取りの準備をする。 ②やり取りの練習をする。	【思（書）】丁寧な表現を用いて，店員と客との文を書いている。（WS❹）
第7時	①全体の前で店員と客に分かれて，やり取りをする。 ②発表を聞く。	【思（や）】丁寧な表現を用いて，店員と客の注文を伝え合っている。（T❹） 【思（聞）】内容を捉えている。

2 解答・解説

Worksheet ❶語彙・並べ替え

解答　1．(1)ピザ　　(2)サンドウィッチ　　(3)スパゲティ　(4)ハンバーガー　　(5)サラダ
(6)フライドチキン　　(7)ステーキ　　(8)カレーライス　　(9)スープ　　(10)フライドポテト

2．(1)b　　(2)t　　(3)j　　(4)r

3．(1)What would you like?　　(2)How much is a pizza?

解説　この単元の新出単語は日本食以外はほぼ外来語である。本来の英語の発音とは異なり，日本語の発音のものが多い。また，フライドポテト，カレーライスなどのように和製英語もあり，注意を喚起しておくことが重要である。

Worksheet ❷リスニング

解答　1．(1)スパゲティ，ジュース　　(2)サンドウィッチ，フライドチキン

2．(1)350円　　(2)760円　　3．(1)ハンバーガー，280円　　(2)スープ，120円

解説　〈スクリプト〉1．(1)I'd like spaghetti and juice.

(2)I'd like sandwich and fried chicken.

2．(1)The salad is 350 yen.　　(2)The steak is 760 yen.

3．(1)店員：What would you like?　　(2)店員：What would you like?

お客：I'd like a hamburger.　　　　お客：I'd like soup.

How much is it?　　　　　　　　How much is it?

店員：It's 280 yen.　　　　　　　店員：It's 120 yen.

Worksheet ❸インタビュー

解説　店員と客に分かれて食べ物を注文する活動であるが，集中して活動に取り組ませるために，注文する食べ物を事前に記入させ，相手から伝えられる金額も正確に書き取るためのワークシートを配布する。

Worksheet&Test ❹やり取り（パフォーマンステスト）

解説　事前にペアの相手は予告せずに，テスト直前に教師がメンバーと役割を伝え，臨機応変に表現を使えるようになっているかを確認する。

評価規準　話すこと［やり取り］

【知識・技能】〈技能〉丁寧に注文のやり取りをする技能を身に付けている。

【思考・判断・表現】丁寧に注文のやり取りをしている。

ルーブリック	A　十分満足できる	B　おおむね満足できる	C　努力を要する
丁寧に注文のやり取りをしている。	相手に正しく伝わるように工夫して，やり取りしている。	相手におおよそ伝わるように，やり取りしている。	相手に日本語で話したり，伝えられなかったりしている。

【主体的に学習に取り組む態度】相手に配慮しながら，伝え合おうとしている。

Worksheet ❶ 語彙・並べ替え

番＿＿＿＿＿＿＿ 名前＿＿＿＿＿＿＿＿＿＿＿＿

【知識・技能】

1．次の英語を，教科書を参考に日本語で書きましょう。

(1) pizza ＿＿＿＿＿＿＿＿＿ (2) sandwich ＿＿＿＿＿＿＿＿＿

(3) spaghetti ＿＿＿＿＿＿＿＿＿ (4) hamburger ＿＿＿＿＿＿＿＿＿

(5) salad ＿＿＿＿＿＿＿＿＿ (6) fried chicken ＿＿＿＿＿＿＿＿＿

(7) steak ＿＿＿＿＿＿＿＿＿ (8) curry and rice ＿＿＿＿＿＿＿＿＿

(9) soup ＿＿＿＿＿＿＿＿＿ (10) French fries ＿＿＿＿＿＿＿＿＿

2．次の食べ物の意味になるように，□□□にはじめの小文字を入れましょう。

(1)パン ＿＿＿＿＿＿＿＿read (2)お茶 ＿＿＿＿＿＿＿＿ea

(3)ジュース ＿＿＿＿＿＿＿＿uice (4)ごはん ＿＿＿＿＿＿＿＿ice

3．次の意味になるように，単語を並べ替えて正しい文にしましょう。

(1)「何になさいますか。」

| you | | would | | What | | like |

＿＿＿＿＿＿＿＿＿＿＿＿＿＿＿＿＿＿＿＿＿＿＿＿＿＿＿＿＿？

(2)「ピザはおいくらですか。」

| much | | pizza | | is | | How | | a |

＿＿＿＿＿＿＿＿＿＿＿＿＿＿＿＿＿＿＿＿＿＿＿＿＿＿＿＿＿？

Worksheet ❷ リスニング

番＿＿＿＿＿ 名前＿＿＿＿＿＿＿＿

【知識・技能】

1．英語を聞いて，注文した食べ物と飲み物を（　　　）に〇を入れましょう。

(1)ハンバーガー　　スパゲティ　　　ジュース　　　　ミルク

　　（　　　）　　（　　　）　　（　　　）　　（　　　）

(2)ピザ　　　　　　サンドウィッチ　　フライドポテト　　フライドチキン

（　　　）　　　　（　　　）　　　　（　　　）　　　　（　　　）

2．英語を聞いて，正しい食べ物の値段を（　　　）に〇を入れましょう。
(1)サラダ

（　　　）300円	（　　　）350円	（　　　）400円

(2)ステーキ

（　　　）740円	（　　　）750円	（　　　）760円

【思考・判断・表現】

3．会話を聞いて，注文した物を＿＿＿＿に，値段を（　　　）に書きましょう。

(1)注文した物　＿＿＿＿＿＿＿＿＿　　　値段（　　　　　　）円

(2)注文した物　＿＿＿＿＿＿＿＿＿　　　値段（　　　　　　）円

Worksheet ❸ インタビュー

番_____名前_____

【思考・判断・表現】

1. お店で注文したものと値段を書きましょう。

店の名前	注文したもの（値段）	注文したもの（値段）	注文したもの（値段）
（例）マックホット	ハンバーグ（450円）	フライドポテト（300円）	ジュース（250円）

2. 先生がたずねたことに答えましょう。

（例）質問：What would you like?

　　　答え：I'd like <u>curry and rice</u>.

　　　質問：How much is curry and rice?

　　　答え：It's <u>850</u> yen.

Worksheet&Test ❹やり取り（パフォーマンステスト）

【思考・判断・表現】

　お店で，食べ物の注文ができるように，表の＿＿＿にいろいろな食べ物や値段を入れて，話すことができるようにしておきましょう。（相手が，何を言ってくるか分からないので，自由に話せるようにしておきましょう）

（例）

店員：Hello.

お客：Hello.

店員：What would you like?

お客：I'd like ＿＿＿＿ , ＿＿＿＿ and ＿＿＿＿ .

店員：OK. ＿＿＿＿ , ＿＿＿＿ and ＿＿＿＿ .

お客：Yes. How much is all?

店員：＿＿＿＿＿＿＿ yen.

お客：OK.   Here you are.

店員：Thank you. Good bye.

お客：Good bye.

単 元 名：「Happy New Year カードを作ろう」

言語材料：Happy New Year　　Merry Christmas　　Happy Mother's day

関連教材：東書（5年U2），開隆（5年L7），三省（5年）ほか

1　単元の指導目標と指導計画

・指導目標

(1)　モデルのカードを参考に，語順を意識しながら，目的に応じたカードを書くことができる。

(2)　行事ごとのカードや各国の行事の過ごし方を見たり聞いたりしながら，その概要をおおまかに捉えることができる。

(3)　誰とでもコミュニケーションを図りながら，積極的にオリジナルカードの交換を行おうとする。

・指導計画（全7時間）

時間	学習活動	評価規準（評価方法）
第1時	①スモールトークを聞く。 ②グリーティングカードについて知る。	【知（聞）】グリーティングカードに使われる表現を知り，理解している。
第2時	①世界の国々の行事を知る。 ②十二支の話を聞く。	【主（聞）】カード作成のために，積極的に聞こうとしている。
第3時	①グリーティングカードに使われる表現を知る。 ②ペアで挨拶をする。	【知（読，書）】グリーティングカードに使われる表現を理解している。（WS❶）
第4時	①ペアで，グリーティングカードの受け渡しの練習をする。 ②リスニングクイズをする。	【知（聞）】グリーティングカードの表現や内容を捉えている。（WS❷）
第5時	①カードを作成する。 ②ペアで交換する。	【技（書）】目的に合った表現をカードに書く技能を身に付けている。（WS❹）
第6時	①カードを手直しする。 ②クラス全体でカードの交換をする。	【思（や）】カードに合わせて，状況に合った表現を用いて挨拶している。（WS❸）
第7時	①全体の前で，グリーティングカードを披露する。 ②カードを評価する。	【思（発）】全体の前で，カードの紹介をしている。（T❹） 【思（聞）】内容を捉えている。（T❹）

2 解答・解説

Worksheet ❶語彙・並べ替え

解答　1．(1)⑤　　(2)②　　(3)⑥　　(4)③　　(5)①　　(6)④

2．(1)8個　　(2)J　　3．This is for you.

解説　新出単語を覚えさせる際には，クイズや面白いネタを盛り込むと，定着が早くなることがある。

Worksheet ❷リスニング

解答　1．(1)③　　(2)①　　(3)②

2．(1)Halloween　　(2)New Year　　(3)Christmas　　3．誕生日

解説　〈スクリプト〉1．(1)Merry Christmas　　(2)Happy New Year

(3)Happy Birthday

2．(1)October 31st. Ghost. Trick or treat.

(2)January 1 st. Temple or shrine. Rice cake.

(3)December 25th. Cake. Santa Claus.

3．Happy birthday. This is the present for you.

Worksheet ❸やり取り

解説　事前に子ども達にそれぞれ好きなグリーティングカードを作らせ，それを持って，クラス全体で交流をさせる。その際，相手のカードは何のカードか，そのカードの良かった点は何かをワークシートに書かせる。これにより，自分自身のカードと比較をさせ，文字のきれいさや丁寧さなどの重要性に気付かせる。

Worksheet&Test ❹ライティング（パフォーマンステスト）

解説　本単元のテストでは，①ライティングとしてのカード作り，②そのカードを使った発表が考えられる。①では，カードに記入する表現を評価し，②では，友達にカードを紹介するところを評価する。もちろん，両方評価することも，どちらか一方を評価することも可能である。以下の評価規準は，書くことを例として示している。

評価規準　書くこと

【知識・技能】〈技能〉行事の表現を用いて，カードに書く技能を身に付けている。

【思考・判断・表現】カードの目的に合った表現をカードに書いている。

ルーブリック	A　十分満足できる	B　おおむね満足できる	C　努力を要する
カードの目的に合った表現をカードに書いている。	正しく英語を綴り，誰にも分かるように魅力的に書いている。	おおむね伝わるように書いている。	間違った英語で，まったく伝わらないものを書いている。

【主体的に学習に取り組む態度】目的に合った表現を，カードに書こうとしている。

Worksheet ❶ 語彙・並べ替え

番_____ 名前_____

【知識・技能】

1. 次の英語はどのようなカードに使われますか。番号を書きましょう。

(1) Merry Christmas _____ (2) Happy New Year _____
(3) Happy Halloween _____ (4) Happy Birthday _____
(5) Happy Valentine's Day _____ (6) Go for it! _____

①バレンタイン　②正月　③誕生日　④応援　⑤クリスマス　⑥ハロウィン

2. 月を表す英語から，下のクイズに答えましょう。

January　February　March　April　May　June　July
August　September　October　November　December

(1)月名にrの文字が入っている月はいくつありますか。（　　　　　　　）

　　＊ヨーロッパでは，rのつく月はカキ（牡蠣）が食べられる月と言われています。

(2)月名の最初の文字で，最も多く使われている文字は何ですか。_____

【思考・判断・表現】

3. 次の英語のことばを並べ替えて，日本語に合う文にしましょう。

「これは，あなたのために（あげます）。」 for This you is

_____.

Worksheet ❷ リスニング

番＿＿＿＿＿名前＿＿＿＿＿＿＿＿＿

【知識・技能】

1. 英語を聞いて，関係のある絵を選び，番号を書きましょう。

(1) (　　　　　　　　) (2) (　　　　　　　　) (3) (　　　　　　　　)

①	②	③

【思考・判断・表現】

2. ヒントとなる英語を聞いて，内容に合う行事を（　　　）に書き写しましょう。

(1) (＿＿＿＿＿＿＿＿＿＿＿＿) (2) (＿＿＿＿＿＿＿＿＿＿＿＿)

(3) (＿＿＿＿＿＿＿＿＿＿＿＿)

・New Year　　　　　・Christmas　　　　　・Halloween

3. 英語を聞いて，内容に合う行事名を（　　　）に日本語で書きましょう。

(　　　　　　　　　　　)

Worksheet ❸ やり取り

番＿＿＿＿＿名前＿＿＿＿＿＿＿＿

【思考・判断・表現】

　ペアの相手とカードを交換して，カードの種類とカードのよかった点を書きましょう。

友達の名前	カードの種類	よかった点
（例）まい	年始カード	英語がきれいに書かれていました。

Worksheet&Test ❹ライティング（パフォーマンステスト）

番＿＿＿＿＿名前＿＿＿＿＿＿＿＿

【思考・判断・表現】

１．友達のために，グリーティングカードを作りましょう。文字の字体やイラストを工夫しましょう。

（イラスト）

From ＿＿＿＿＿＿＿＿＿

２．友達の発表で，一番気に入ったカードを書きましょう。

名前	カードの種類	よかった点

単 元 名：「Who is your hero? あこがれの人をしょうかいしよう」
言語材料：Who is ...? My hero is .... He [She] is .... He [She] is good at ...ing.
関連教材：東書（5年U8），光村（5年U9），開隆（5年L6），教出（5年L9）ほか

1　単元の指導目標と指導計画

・指導目標

⑴　あこがれの人を紹介する言い方を理解し，友達と伝え合うことができる。

⑵　あこがれの人について，ポスターを用いて，職業や性格，得意なことなどを含めて紹介することができる。

⑶　他者に配慮しながら，自分のあこがれの人について積極的に紹介しようとする。

・指導計画（全7時間）

時間	学習活動	評価規準（評価方法）
第1時	①スモールトークを聞く。 ②あこがれの人を紹介する表現を知る。	【知（聞）】あこがれの人を紹介する表現を知り，理解している。
第2時	①ペアであこがれの人を言う。 ②あこがれる職業，性格，得意なことの言い方を知る。	【主（や）】積極的にあこがれの人を伝えようとする。
第3時	①ペアやグループであこがれの人について理由をつけて紹介する。 ②職業，性格，得意なことの語彙，表現を確認する。	【技（や）】職業，性格，得意なことについてやり取りする技能を身に付けている。 【知（読）】職業，性格，得意なことの語彙や表現を理解している。（WS❶）
第4時	①ペアやグループで，あこがれの人を尋ね合う。 ②リスニングクイズをする。	【技（聞）】あこがれの人の紹介について，具体的な情報を聞き取る技能を身に付けている。（WS❷）
第5時	①友達とあこがれの人について尋ね合う。 ②インテビューテストをする。	【思（や）】あこがれの人について伝え合っている。（WS❸） 【思（や）】あこがれの人について確認する。（WS❸）
第6時	①あこがれの人についての発表の準備をする。 ②発表の練習をする。	【思（書）】発表のための原稿を作成している。（WS❹）
第7時	①全体の前で発表する。 ②発表を聞く。	【思（発）】発表している。（T❹） 【思（聞）】内容を捉えている。（T❹）

2 解答・解説

Worksheet ❶語彙・並べ替え

解答 1．(1)ヒーロー　(2)歌手　(3)ダンサー　(4)コメディアン　(5)野球選手　(6)先生　(7)すごい　(8)良い　(9)姉妹　(10)兄弟

2．(1)②　(2)③　(3)①　　3．Who is your hero?

解説 この単元は，既習の職業名や can などの表現を使用することから，導入時に必ず復習しておくことが大切である。

Worksheet ❷リスニング

解答 1．(1)①　(2)②　(3)②

2．(1)②　(2)③　(3)①

3．(1)兄（弟）　(2)野球　(3)すごい

解説 〈スクリプト〉1．(1)My hero is a tennis player.　(2)My hero is my sister.

(3)My hero is a singer.

2．(1)She can sing well.　(2)He is a good basketball player.

(3)She is good at soccer.

3．Hello.　My hero is my brother.　He is good at baseball.　He is great.　Thank you.

Worksheet ❸インタビュー

解説 1では，クラスの友達とあこがれの人の名前，その人の職業や得意なこと，そして，その人がどのような人かなどを尋ね合う。2では，子ども一人ひとりに，あこがれの人について尋ね，答えられるようになっているかを確認する。

Worksheet&Test ❹発表（パフォーマンステスト）

解説 1では，あこがれの人についての発表のためのワークシートを完成させる。発表を評価するだけではなく，このワークシートの完成度も評価の対象とすることができる。2では，他の子ども達が発表の概要を捉えているかを評価する。

評価規準 話すこと［発表］

【知識・技能】〈技能〉あこがれの人について，紹介する表現を用いて，話す技能を身に付けている。

【思考・判断・表現】あこがれの人について，職業や得意なことなどを話している。

ルーブリック	A　十分満足できる	B　おおむね満足できる	C　努力を要する
あこがれの人について，職業や得意なことなどを話している。	聞き手に伝わるように，詳しく正確に話している。	おおむね伝わるように話している。	日本語を使ったり，途中でやめたりして，伝わらない。

【主体的に学習に取り組む態度】積極的にあこがれの人について発表しようとしている。

Worksheet ❶ 語彙・並べ替え

番＿＿＿＿＿＿ 名前＿＿＿＿＿＿＿＿＿

【知識・技能】

1. 次の英語の意味を，教科書などを参考に書きましょう。

(1) hero ＿＿＿＿＿＿＿＿ (2) singer ＿＿＿＿＿＿＿＿

(3) dancer ＿＿＿＿＿＿＿＿ (4) comedian ＿＿＿＿＿＿＿＿

(5) baseball player ＿＿＿＿＿＿＿＿ (6) teacher ＿＿＿＿＿＿＿＿

(7) great ＿＿＿＿＿＿＿＿ (8) nice ＿＿＿＿＿＿＿＿

(9) sister ＿＿＿＿＿＿＿＿ (10) brother ＿＿＿＿＿＿＿＿

2. 次の意味に合う絵を下から選んで，（　　　　）に書きましょう。

(1) He can cook well. （　　　）　　(2) Mai is very kind. （　　　　）

(3) My brother is a good baseball player. （　　　）

3. 次の意味になるように，英語を並べ替えましょう。

「あなたのあこがれの人は誰ですか。」 | hero | Who | your | is |

＿＿＿＿＿＿＿＿＿＿＿＿＿＿＿＿＿＿＿＿＿＿＿＿＿＿＿ ?

Worksheet ❷ リスニング

番＿＿＿＿＿＿＿名前＿＿＿＿＿＿＿＿＿＿＿＿

【知識・技能】

1．英語を聞いて，その人のヒーローを選び，（　　　　）に○を入れましょう。

(1)① テニスの選手（　　　　　　　）　　② 卓球の選手（　　　　　　　）

(2)① おにいさん　（　　　　　　　）　　② おねえさん（　　　　　　　）

(3)① 先生　　　　（　　　　　　　）　　② 歌手　　　（　　　　　　　）

2．英語を聞いて，内容に合う絵を選んで，番号を書きましょう。

(1)（　　　　　　　）　(2)（　　　　　　　）　(3)（　　　　　　　）

【思考・判断・表現】

3．ヒーローの紹介を聞いて，（　　　　　）に内容を書き入れましょう。

(1)私のヒーローは（　　　　　　　　　　　　　　　　）です。

(2)彼は（　　　　　　　　　　　　　　　　）が得意です。

(3)彼は（　　　　　　　　　　　　　　　　）です。

Worksheet ❸ インタビュー

番＿＿＿＿＿　名前＿＿＿＿＿＿＿＿

【思考・判断・表現】

1. 友達とあこがれの人について，たずね合いましょう。

Name	あこがれの人	職業,できること,得意なことなど	性格,特徴,感想など
（例）先生			

2. 先生がたずねたことに答えましょう。

（例）質問：Who is your hero?
　　　答え：My hero is Ichiro.
　　　質問：Why?
　　　答え：He is cool.

❹ 発表（パフォーマンステスト）

番＿＿＿＿＿＿名前＿＿＿＿＿＿＿＿＿

【思考・判断・表現】

1. 自分のあこがれの人について，発表のための原稿(げんこう)をつくりましょう。

Hello.

My hero is (＿＿＿＿＿＿＿＿＿＿＿＿). （あこがれの人）

He / She is (＿＿＿＿＿＿＿＿＿＿＿＿). （職業，得意なこと）

He / She is (＿＿＿＿＿＿＿＿＿). （性格や特徴など）

Thank you.

2. 友達の発表を聞いて，表に書きましょう。

名前（Name）	あこがれの人	職業,得意なことなど	性格，特徴など

> 単 元 名：「I want to go to Italy. ツアープランナーになろう」
> 言語材料：Where do you want to go? I want to go to .... Why? In ..., you can
> 　　　　　[see / visit / eat / buy] ....
> 関連教材：東書（6年U3），光村（5年U6），開隆（6年L3），教出（5年L6）ほか

1　単元の指導目標と指導計画

・指導目標

(1)　行きたい国とその理由について，聞いたり言ったりする表現を理解し，伝え合うことができる。また，国名を書き写すことができる。

(2)　おすすめの国について，簡単な語句や表現を用いて，紹介することができる。

(3)　他者に配慮しながら，おすすめの国やその国の有名なものについて，自分の考えを整理して紹介しようとする。

・指導計画（全7時間）

時間	学習活動	評価規準（評価方法）
第1時	①スモールトークを聞く。 ②さまざまな国名を知る。	【知（聞）】さまざまな国名を知り，理解している。
第2時	①行きたい国の尋ね方を知る。 ②ペアで行きたい国を尋ね合う。	【知（読，書）】国名や行きたい国について知り，理解している。（WS❶）
第3時	①行きたい理由の言い方を知る。 ②ペアやグループで，行きたい国とその理由を尋ね合う。	【思（読，書）】国名，行きたい国とその理由について知り，理解している。（WS❶）
第4時	①行きたい国クイズをする。 ②リスニングクイズをする。	【技（聞）】国名，行きたい国とその理由について聞き取る技能を身に付けている。（WS❷）
第5時	①友達と行きたい国について，尋ね合う。 ②インタビューテストをする。	【思（や）】行きたい国について伝え合っている。（WS❸）
第6時	①行きたい国のポスター，紹介文を準備する。 ②ペアで，発表の準備をする。	【思（書）】発表のために，紹介文を書き写したり，書いたりしている。（WS❹） 【主（発）】積極的に発表の準備をしている。
第7時	①全体の前で，発表する。 ②発表を聞く。	【思（発）】発表している。（T❹） 【思（聞）】内容を捉えている。（T❹）

2 解答・解説

Worksheet ❶語彙・並べ替え

解答 1．(1)⑥　　(2)③　　(3)④　　(4)⑤　　(5)①　　(6)②

2．(1)④　　(2)③　　(3)①　　(4)②　　3．Where do you want to go?

解説 この単元では，国名や食べ物，有名な場所を学ぶことから，子ども達の日常生活とは若干かけ離れており，定着させることは難しい面もある。特に国名の綴りは難しいことから，国名を聞いて書き写させる程度にしておきたい。

Worksheet ❷リスニング

解答 1．(1)②　　(2)③　　(3)④　　(4)①

2．(1)The U.S., ステーキ　　(2)Japan, 富士山　　(3)イタリア, スパゲティ

3．(1)オーストラリア　　(2)カンガルーを見ること　　(3)ステーキを食べること

解説 〈スクリプト〉1．(1)I want to go to Australia.　　(2)I want to go to Egypt.

(3)I want to go to France.　　(4)I want to go to India.

2．(1)I want to go to The U.S.　I want to eat steak.

(2)I want to go to Japan.　I want to see Mt. Fuji.

(3)I want to go to Italy.　I want to eat spaghetti.

3．Hello. I want to go to Australia. I want to see kangaroos. I want to eat steaks.

Worksheet ❸インタビュー

解説 1では，ペアになって行きたい国と行きたい理由を二つ尋ね合い，ワークシートに書き入れる。2では，教師が子ども一人ひとりに行きたい国と理由を尋ね，伝える技能が身に付いているかを確認する。

Worksheet&Test ❹発表（パフォーマンステスト）

解説 最終授業ではパフォーマンステストをして，子ども一人ひとりに行きたい国とその理由二つを発表させて，パフォーマンス評価とする。また，2では，他の子ども達の発表を聞いて，行きたい国とその理由二つをワークシートに書かせ，内容を捉えているかを評価とする。

評価規準 話すこと［発表］

【知識・技能】〈技能〉行きたい国とその理由を伝える技能を身に付けている。

【思考・判断・表現】行きたい国とその理由を，簡単な語句や表現を使って話している。

ルーブリック	A　十分満足できる	B　おおむね満足できる	C　努力を要する
行きたい国とその理由を，簡単な語句や表現を使って話している。	自分で調べた語句や表現を使い，分かりやすく話している。	簡単な語句や表現を使い，おおむね分かるように話している。	発表を途中でやめたりして，誰にも伝わらない。

【主体的に学習に取り組む態度】行きたい国とその理由を，聞き手に配慮しながら，積極的に話そうとしている。

Worksheet ❶ 語彙・並べ替え

番＿＿＿＿＿＿　名前＿＿＿＿＿＿＿＿＿＿

【知識・技能】

１．次の国名を，□から選び，番号を書きましょう。

(1) France ＿＿＿＿＿＿＿＿＿　(2) The U.S. ＿＿＿＿＿＿＿＿＿

(3) Korea ＿＿＿＿＿＿＿＿＿　(4) Japan ＿＿＿＿＿＿＿＿＿

(5) Egypt ＿＿＿＿＿＿＿＿＿　(6) Australia ＿＿＿＿＿＿＿＿＿

①エジプト　②オーストラリア　③アメリカ　④韓国　⑤日本　⑥フランス

【思考・判断・表現】

２．次の国名とそれにもっとも関係する文を線でむすびましょう。

(1) Italy 　・　　　　・① I can see pandas.

(2) The U.S. 　・　　　　・② I can see koalas.

(3) China 　・　　　　・③ I can eat hamburgers.

(4) Australia 　・　　　　・④ I can eat pizza.

３．次の英語のことばを並べ替えて，日本語に合う文にしましょう。

「あなたはどこに行きたいですか。」

| do | go | Where | want | you | to |

＿＿＿＿＿＿＿＿＿＿＿＿＿＿＿＿＿＿＿＿＿＿＿＿＿＿＿＿？

Worksheet ❷ リスニング

番＿＿＿＿＿＿ 名前＿＿＿＿＿＿＿＿＿＿

【知識・技能】

1. 英語を聞いて，国名を①〜④から選び，（　　　）に番号を書きましょう。

(1) (　　　　　) (2) (　　　　　) (3) (　　　　　) (4) (　　　　　)

① India	② Australia	③ Egypt	④ France

【思考・判断・表現】

2. 英語を聞いて，それぞれの人が行きたい国と，その国でしたいことを線でむすびましょう。

(1) Mai　・　　　　　・Italy　　　　・　　　　　・

(2) Tom　・　　　　　・The U.S.　・　　　　　・

(3) Yui　・　　　　　・Japan　　　・　　　　　・

3. 英語を聞いて，行きたい国とその国でしたいことを日本語で書きましょう。

(1)行きたい国　　（　　　　　　　　　　　　　　　　　　　　　　　　　）

(2)したいこと　　（　　　　　　　　　　　　　　　　　　　　　　　　　）

　　　　　　　　　（　　　　　　　　　　　　　　　　　　　　　　　　　）

Worksheet ❸ インタビュー

【思考・判断・表現】

1．友達と，行きたい国とその理由について尋ね合い，表に書きましょう。

友達の名前	友達の 行きたい国	行きたい理由(1)	行きたい理由(2)
（例）先生			

2．先生がたずねたことに答えましょう。

（例）質問：Where do you want to go?
　　　答え：I want to go to <u>Italy</u>.
　　　質問：Why?
　　　答え：I want to eat <u>spaghetti</u>.

Worksheet&Test ❹発表（パフォーマンステスト）

番＿＿＿＿＿＿　名前＿＿＿＿＿＿＿＿＿

【思考・判断・表現】

1．行きたい国とその理由を二つ書いて，発表の原稿（げんこう）をつくりましょう。

Hello.

I　want to go to（＿＿＿＿＿＿＿＿＿＿＿＿＿）．

I（＿＿＿＿＿＿＿＿＿＿＿＿＿＿＿）．

I（＿＿＿＿＿＿＿＿＿＿＿＿＿＿＿）．

Thank you.

2．友達の発表を聞いて，表に書きましょう。

名前（Name）	行きたい国	行きたい理由(1)	行きたい理由(2)

第6学年
新3観点の
ワークシート&テスト60

Chapter3

Unit1	自己紹介	086
Unit2	日本紹介	094
Unit3	職業，性格	102
Unit4	食物連鎖	110
Unit5	夏休みの思い出	118
Unit6	スポーツ観戦	126
Unit7	町紹介	134
Unit8	思い出	142
Unit9	将来の夢	150
Unit10	中学校生活	158

単 元 名：「This is me! 自己紹介をしよう」

言語材料：Hello. I'm …. Nice to meet you (too). My birthday is …. When is your birthday? I like …. Do you like …? What … do you like? I can …. Can you …? I'm good at ….

関連教材：東書（6年U1），光村（6年U1），開隆（6年L1），教出（6年L1）ほか

1　単元の指導目標と指導計画

・指導目標

(1)　自己紹介の表現として，好きなもの，好きなこと，誕生日，得意なことを表す言い方を理解し，発表することができる。

(2)　自分のことをよく知ってもらうために，好きなこと，誕生日，得意なことなどについて，簡単な語句や基本的な表現を用いて，発表する文を書き写して自己紹介することができる。

(3)　自分のことをよく知ってもらうために，好きなこと，誕生日，得意なことなどについて，簡単な語句や基本的な表現を用いて自己紹介しようとする。

・指導計画（全7時間）

時間	学習活動	評価規準（評価方法）
第1時	①スモールトークを聞く。 ②友達と挨拶をする。	【思（や）】挨拶の表現を思い出して，積極的に挨拶をしようとしている。
第2時	①月日，好きなことの確認。 ②誕生日や好きなものについて尋ね合う。	【知（読，書）】月日，好きなものごとについて，理解している。（WS❶）
第3時	①リスニングクイズをする。 ②得意なことを確認する。	【技（聞）】誕生日，好きなことや得意なことを聞き取る技能を身に付けている。（WS❷）
第4時	①ペアで読み合う。 ②自己紹介について読む。	【思（読）】自己紹介の文を読んでいる。（WS❹）
第5時	①クラスの友達と交流する。 ②モデルの発表を聞く。	【思（や）】友達と自己紹介をしながらやり取りしている。（WS❸）
第6時	①自己紹介の文を書く。 ②ペアで練習する。	【思（書）】国名やできること，自己紹介文を書いている。（WS❺❻）
第7時	①全体の前で自己紹介する。 ②自己紹介を聞く。	【思（発）】自己紹介している。（T❻） 【思（聞）】内容を捉えている。（T❻）

第6学年・ユニット1

2 解答・解説

Worksheet ❶語彙・並べ替え

解答　1．(1)1日／1番目　(2)2日／2番目　(3)3日／3番目　(4)4日／4番目
(5)誕生日　(6)2月　(7)4月　(8)8月　(9)9月　(10)11月
2．(1)③　(2)⑥　(3)②　(4)⑤　(5)①　(6)④　　3．He is from France.

Worksheet ❷リスニング

解答　1．(1)③　(2)①　(3)④　(4)②　　2．(1)①　(2)④　(3)②　(4)③
3．(1)アメリカ　(2)5（月）16（日）　(3)テニス　(4)ダンス

解説　〈スクリプト〉1．(1)I like sushi.　(2)I like spaghetti.　(3)I like pizza.
(4)I like hamburgers.

2．(1)She can run fast.　(2)He can speak English.　(3)She is good at playing the
piano.　(4)He is good at swimming.

3．Hello. My name is Mary. I'm from the U.S. My birthday is May 16th. I like tennis.
I'm good at dancing.

Worksheet ❹リーディング

解答　2．名前（ケン，リサ），出身地（リサ：アメリカ），好きなスポーツ（リサ：バスケ
ットボール，ケン：野球）など。

解説　1では，担任やALTがモデルを示した後に，子ども個々に読ませる。その後，何人
かの子どもにモデルとして読ませ，自分自身の評価について話し合わせる。

Worksheet ❺ライティング

解答　2．(1)(I can) play the piano.　(2)(I) can sing (well).　　3．I'm good at cooking.

Worksheet&Test ❻発表（パフォーマンステスト）

解説　1では，書くことも評価に入れるのか，発表だけを評価に定めるのかなどを決めるこ
とが必要である。2では，聞く側の子ども達の評価も加えることができる。

評価規準　話すこと［発表］

【知識・技能】〈技能〉自己紹介するために必要な技能を身に付けている。

【思考・判断・表現】自己紹介として誕生日，好きなこと，得意なことを話している。

ルーブリック	A　十分満足できる	B　おおむね満足できる	C　努力を要する
自己紹介として誕生日，好きなこと，得意なことを話している。	語句や表現を付け加えたりして，分かりやすく発表している。	簡単な語句や基本的な表現を用いて発表している。	発表を途中で終えたり，日本語で話したりしている。

【主体的に学習に取り組む態度】自分をよく知ってもらうために，聞き手に配慮しながら，
誕生日，好きなこと，得意なことなどを話そうとしている。

Worksheet ❶語彙・並べ替え

番_____ 名前_____

【知識・技能】

1. 次の英語の意味を日本語で書きましょう。
   (1) 1 st _____ (2) 2 nd _____
   (3) 3 rd _____ (4) 4 th _____
   (5) birthday _____ (6) February _____
   (7) April _____ (8) August _____
   (9) September _____ (10) November _____

2. 次のヒントから,連想するものを [____] の中から一つ選び,番号を(____) に書き入れましょう。

   (1) sport, ball, kick   (_____)
   (2) sport, cap, water   (_____)
   (3) sport, ball, racket   (_____)
   (4) subject, piano, sing   (_____)
   (5) subject, ball, run   (_____)
   (6) subject, food, cook   (_____)

   | ① P.E. | ② tennis | ③ soccer |
   | ④ home economics | ⑤ music | ⑥ swimming |

【思考・判断・表現】

3. 次の英語のことばを並べ替えて,日本語に合う文にしましょう。

   「彼はフランス出身です。」

   | from | He | France | is |

   _____ .

Worksheet ❷ リスニング

番＿＿＿＿＿＿ 名前＿＿＿＿＿＿＿＿＿＿

【知識・技能】

1. 英語を聞いて，それぞれ好きな食べ物を選んで，番号を書きましょう。

(1)＿＿＿＿＿＿＿ (2)＿＿＿＿＿＿＿ (3)＿＿＿＿＿＿＿ (4)＿＿＿＿＿＿＿

| ① | ② | ③ | ④ |

2. 英語を聞いて，それぞれできることや得意なことを選んで，番号を書きましょう。

(1)＿＿＿＿＿＿＿ (2)＿＿＿＿＿＿＿ (3)＿＿＿＿＿＿＿ (4)＿＿＿＿＿＿＿

| ① | ② | ③ | ④ |
Good! Really? Oh!

【思考・判断・表現】

3. メアリーのスピーチを聞いて，内容をそれぞれ日本語で（　　　）に書きましょう。

(1)出身地　　　　　（　　　　　　　　　　　　　　　　　　　　）

(2)誕生日　　　　　（　　　　　　　　　　　月　　　　　　　　日）

(3)好きなこと　　　（　　　　　　　　　　　　　　　　　　　　）

(4)得意なこと　　　（　　　　　　　　　　　　　　　　　　　　）

Worksheet ❸ インタビュー

番_____名前_____

【思考・判断・表現】

1. 友達と，誕生日，好きなもの，好きなこと，できることや得意なことをたずね合いましょう。

Name	誕生日	好きなこと 好きなもの	できること 得意なこと
（例：先生）			

2. 先生がたずねたことに答えましょう。

  （例）質問：What animal do you like?

    答え：I like <u>dogs.</u>

    質問：Can you cook well?

    答え：<u>Yes, I can.</u>

Worksheet ④ リーディング

番_____　名前_____

【知識・技能】

1. 英語の文を読んで，英語らしく読めたら◎，まあまあ読めたら○，なかなか読めなかったら△を（　　　　）に書きましょう。（ペアで読み合わせをして，友達に◎，○，△を書いてもらうこともできます）

(1) My birthday is October 5 th.　　　　　　　（　　　　　　　　　）
「わたしの誕生日は10月5日です。」

(2) I'm from Japan.　　　　　　　　　　　　（　　　　　　　　　）
「わたしは日本から来ました。」

(3) I'm good at playing the recorder.　　　　（　　　　　　　　　）
「わたしはリコーダーが得意です。」

【思考・判断・表現】

2. 次の会話を読んで，分かったことを□□□□にまとめましょう。

Ken: Hello. Nice to meet you. My name is Ken.
Lisa: Hello. Nice to meet you, too. My name is Lisa.
Ken: Lisa, Where are you from.
Lisa: I'm from the U.S.
Ken: What sport do you like?
Lisa: I like basketball. Ken, what sport do you like?
Ken: I like baseball.

（分かったこと）

Worksheet ❺ ライティング

番＿＿＿＿＿＿ 名前＿＿＿＿＿＿＿＿＿＿

【知識・技能】

1．次の国名を書き写してみましょう。

(1)オーストラリア　　Australia　＿＿＿＿＿＿＿＿＿＿＿＿＿＿＿＿＿

(2)フランス　　　　　France　　＿＿＿＿＿＿＿＿＿＿＿＿＿＿＿＿＿

(3)インド　　　　　　India　　　＿＿＿＿＿＿＿＿＿＿＿＿＿＿＿＿＿

2．絵を見て，できることについて書きましょう。

(1)

I can ＿＿＿＿＿＿＿＿＿＿＿＿＿＿＿＿＿＿．

(2)

I ＿＿＿＿＿＿＿＿＿＿＿＿＿＿＿＿ well.

【思考・判断・表現】

3．次の日本語の意味になるように，英語で書きましょう。

「私は料理が得意です。」

＿＿＿＿＿＿＿＿＿＿＿＿＿＿＿＿＿＿＿＿＿＿＿＿＿ ．

❻発表（パフォーマンステスト）

番＿＿＿＿＿＿　名前＿＿＿＿＿＿＿＿＿＿

【思考・判断・表現】

1. 自己紹介のために，表をつくりましょう。

Hello.

My name is ＿＿＿＿＿＿＿＿＿＿＿＿＿＿＿＿＿＿＿＿＿.

My birthday is ＿＿＿＿＿＿＿＿＿＿＿＿＿＿＿＿＿.

I like ＿＿＿＿＿＿＿＿＿＿＿＿＿＿＿＿＿＿＿＿＿＿.

I can / I'm good at ＿＿＿＿＿＿＿＿＿＿＿＿＿＿.

Thank you.

2. 友達の発表を聞いて，表に書きましょう。

名前（Name）	誕生日	好きなもの,こと	得意,できること

単 元 名：「Welcome to Japan. 日本のことを紹介しよう」

言語材料：Welcome to ....　We have ....　Please ....

関連教材：東書（5年 U7），光村（6年 U2），開隆（6年 L4），教出（6年 L3）ほか

1　単元の指導目標と指導計画

・指導目標

⑴　日本の自然や食文化，各地の祭りや行事などを紹介する語彙や表現を理解し，発表することができる。

⑵　日本のことをよく知ってもらうために，日本の自然や食文化，各地の祭りや行事などについて，簡単な語句や基本的な表現を用いて発表することができる。発表する文については，例を参考に書き写すことができる。

⑶　日本のことをよく知ってもらうために，日本の自然や食文化，各地の祭りや行事などについて，簡単な語句や基本的な表現を用いて発表しようとする。

・指導計画（全7時間）

時間	学習活動	評価規準（評価方法）
第1時	①スモールトークを聞く。 ②行事の言い方を知る。	【知（聞）】日本の行事や祭りについて聞いて理解している。
第2時	①季節や祭りの言い方を知る。 ②ペアでクイズを出し合う。	【知（読，書）】日本の行事や祭りについての語彙や表現を理解している。（WS❶）
第3時	①行事を書き写す。 ②リスニングクイズをする。	【技（書）】行事について書き写す技能を身に付けている。（WS❺） 【技（聞）】行事について聞き取る技能を身に付けている。（WS❷）
第4時	①日本文化について書く。 ②ペアで伝え合う。	【思（書）】好きな日本文化について書いている。（WS❺）
第5時	①日本文化について読む。 ②日本文化を尋ね合う。	【思（読）】日本についての文を読む。（WS❹） 【思（や）】日本について尋ね合う。（WS❸）
第6時	①グループで発表文を書く。 ②グループで練習する。	【思（書）】発表文を書いている。（WS❻） 【主（発）】積極的に練習しようとしている。
第7時	①全体の前で発表する。 ②日本文化の紹介を聞く。	【思（発）】日本文化を紹介している。（T❻） 【思（聞）】内容を捉えている。（T❻）

第6学年・ユニット2

2 解答・解説

Worksheet ❶語彙・並べ替え

解答 1. (1)③ (2)② (3)⑤ (4)① (5)④

2. (1)⑤ (2)② (3)① (4)④ (5)⑥ (6)③

3. (1) Welcome to Iwate. (2) we have a summer festival.

Worksheet ❷リスニング

解答 1. (1)③ (2)④ (3)② (4)①

2. (1)もちを食べる。 (2)かしわもちを食べる。 (3)かまくらを見ることができる。

3. (1)夏 (2)水泳 (3)スイカ (4)祖父母の家

解説 〈スクリプト〉1. (1) New Year's Day (2) Star Festival (3) Doll Festival
(4) Fireworks

2. (1) We eat *mochi* on New Years' Day. (2) We eat *kashiwamochi* on Children's Day.

(3) We can see *kamakura* for the Snow Festival.

3. What season do you like? — I like summer. I can swim. I can eat watermelon. I
want to go to my grandparents' house.

Worksheet ❹リーディング

解答 2. (1)大阪 (2)お好み焼きとタコ焼き (3)大変おいしい

解説 1では，担任やALTがモデルを示した後に，子ども個々に読ませたり，ペアで読み
聞かせをし合ったりする。

Worksheet ❺ライティング

解答 2. (例) (1) Okayama — peaches (2) a fall festival — see *mikoshi*

解説 2の(1)では，都道府県や市町村の場所と，そこにあるものを書かせ，(2)では，行事と
その時にすることを書かせる。

Worksheet&Test ❻発表（パフォーマンステスト）

解説 子ども一人ひとりやグループで，作成して発表させたりと，発表の形を工夫する。

評価規準 話すこと［発表］

【知識・技能】〈知識〉日本のことを紹介する語彙や表現を理解している。

【思考・判断・表現】日本の文化や伝統について，話している。

ルーブリック	A 十分満足できる	B おおむね満足できる	C 努力を要する
日本の文化や伝統について，話している。	語句や表現を付け加えて，誰にでも分かりやすく話している。	簡単な語句や基本的な表現を用いて話している。	発表を途中で終えたり，日本語で話したりしている。

【主体的に学習に取り組む態度】日本の文化や伝統について，話そうとしている。

Worksheet ❶語彙・並べ替え

ご い なら か

番＿＿＿＿＿＿名前＿＿＿＿＿＿＿＿＿

【知識・技能】

1. 次の英語の意味について，線でむすびましょう。

(1) Doll Festival　　　・　　　　　　・①夏祭り

(2) Children's Day　　・　　　　　　・②こどもの日

(3) Star Festival　　　・　　　　　　・③ひな祭り

(4) Summer Festival　・　　　　　　・④雪まつり

(5) Snow Festival　　・　　　　　　・⑤七夕

2. 次の英語はどのような意味ですか，適するものを＿＿＿の中から一つ選び，番号を（　　　）に書き入れましょう。

(1) firework　　　（　　　　　　　）　(2) nature　　（　　　　　　　　）

(3) fall / autumn　（　　　　　　　）　(4) summer　（　　　　　　　　）

(5) spring　　　　（　　　　　　　）　(6) winter　　（　　　　　　　　）

①秋　　②自然　　③冬　　④夏　　⑤花火　　⑥春

3. 次の英語のことばを並べ替えて，日本語に合う文にしましょう。

(1)「岩手にようこそおいでくださいました。」

| to |　| Iwate. |　| Welcome |

(2)「夏には夏祭りがあります。」

| a |　| have |　| festival. |　| we |　| summer |

In summer,　＿＿＿＿＿＿＿＿＿＿＿＿＿＿

Worksheet ❷ リスニング

番＿＿＿＿＿　名前＿＿＿＿＿＿＿＿＿

【知識・技能】

1. 英語を聞いて，それぞれ適(てき)する絵を選んで，番号を書きましょう。

(1)＿＿＿＿＿　(2)＿＿＿＿＿　(3)＿＿＿＿＿　(4)＿＿＿＿＿

【思考・判断・表現】

2. 英語を聞いて，それぞれその日にすることを日本語で書きましょう。

(1)正月　　　　→（　　　　　　　　　　　　　　　　　　　）

(2)こどもの日　→（　　　　　　　　　　　　　　　　　　　）

(3)雪祭り　　　→（　　　　　　　　　　　　　　　　　　　）

3. 結衣(ゆい)に好きな季節についてたずねています。答えの内容に合うものをそれ
　ぞれ（　　　）の中から一つ選び〇をしましょう。

(1)好きな季節：（　春　　　夏　　　秋　　　冬　）

(2)できること：（　野球　　サッカー　　水泳　　テニス　）をすること。

(3)できること：（　桃　　　メロン　　スイカ　）を食べること。

(4)したいこと：（　USJ　　　TDL　　　祖父母(そふぼ)の家　）に行くこと。

Worksheet ❸インタビュー

番＿＿＿＿＿名前＿＿＿＿＿＿＿

１．友達と，日本の文化や行事について，たずね合いましょう。

Name	たずねたこと	答えたこと （日本語でもよい）
（例）先生		

２．先生がたずねたことに答えましょう。

（例）質問：What is Doll Festival?

答え：It's in March 3rd.

We can see many beautiful dolls.

Worksheet ❹ リーディング

番＿＿＿＿＿　名前＿＿＿＿＿＿＿＿＿＿

【知識・技能】

１．英語の文を読んで，英語らしく読めたら◎，まあまあ読めたら〇，なかなか読めなかったら△を（　　　）に書きましょう。（ペアで読み合わせをして，友達に◎，〇，△を書いてもらうこともできます）

(1) Welcome to Japan.　　　　　　　　　　（　　　　　　　　）
　　「日本にようこそ。」

(2) We have Children's Day in May 5 th.　（　　　　　　　　）
　　「５月5日に子どもの日があります。」

(3) You can see fireworks in summer.　　（　　　　　　　　）
　　「夏に花火を見ることができます。」

【思考・判断・表現】

２．次の英語を読んで，質問の答えを（　　　　　）に日本語で書きましょう。

　　Welcome to Japan.
　　We have many restaurants in Osaka.
　　You can eat *okonomiyaki* and *takoyaki*.
　　They are very delicious.
　　Please come to Osaka.

(1)どこの町を紹介していますか。　　　　　（　　　　　　　）

(2)何を食べることができると言っていますか。（　　　　　　　）

(3)それらの食べものの味はどうですか。　　（　　　　　　　）

Worksheet ❺ライティング

番＿＿＿＿＿名前＿＿＿＿＿＿＿＿＿

【知識・技能】

1．次の語を書き写してみましょう。

　(1)春　　spring　　＿＿＿＿＿＿＿＿＿＿＿＿＿＿＿＿＿＿＿＿＿＿

　(2)夏　　summer　　＿＿＿＿＿＿＿＿＿＿＿＿＿＿＿＿＿＿＿＿＿

　(3)秋　　fall / autumn　＿＿＿＿＿＿＿＿＿＿＿＿＿＿＿＿＿＿＿

　(4)冬　　winter　　＿＿＿＿＿＿＿＿＿＿＿＿＿＿＿＿＿＿＿＿＿

【思考・判断・表現】

2．例を参考に，下線部に英語を書き入れて，質問と答えを完成させましょう。

　(1)(例)What do you have in Chiba? — We have the Tokyo Disney Land.

　　「千葉には何がありますか。」—「東京ディズニーランドがあります。」

　　What do you have for ＿＿＿＿＿＿＿＿＿＿＿＿＿＿＿＿＿＿ ?

　　　— We have ＿＿＿＿＿＿＿＿＿＿＿＿＿＿＿＿＿＿＿＿ .

　(2)(例)What do you do for a summer festival? — *I do kingyosukui.*

　　「夏祭りに何をしますか。」—「金魚すくいをします。」

　　What do you do for ＿＿＿＿＿＿＿＿＿＿＿＿＿＿＿＿＿＿ ?

　　　—I ＿＿＿＿＿＿＿＿＿＿＿＿＿＿＿＿＿＿＿＿＿＿＿＿ .

100

番＿＿＿＿＿　名前＿＿＿＿＿＿＿＿

【思考・判断・表現】

１．日本の紹介のために，表をつくりましょう。

Welcome to Japan.

We have ＿＿＿＿＿＿＿＿＿＿＿＿＿＿＿＿＿＿．

You can ＿＿＿＿＿＿＿＿＿＿＿＿＿＿＿＿＿＿．

You can ＿＿＿＿＿＿＿＿＿＿＿＿＿＿＿＿＿＿．

It's ＿＿＿＿＿＿＿＿＿＿＿＿＿＿＿＿＿＿．

Thank you.

２．他のグループの発表を聞いて，表に書きましょう。

グループ名（Name）	紹介していること	できること，感想など

Grade6 | Unit3 職業，性格

単 元 名：「He is famous. She is great. あの人を紹介しよう」
言語材料：What ... do you ...? I like .... I have .... I play .... I want .... He is ....
　　　　　She is ....
関連教材：光村（6年U5），三省（6年L4），啓林（5年U5），学図（6年L9）ほか

1 単元の指導目標と指導計画

・指導目標

(1) 語順を理解して，自分のことについて伝え合ったり書き写したりすることができる。

(2) 慣れ親しんだ表現を使いながら，場面を設定してスキットを作ることができる。

(3) グループで協力して，スキットの内容が聞き手に伝わるように工夫しようとする。

・指導計画（全7時間）

時間	学習活動	評価規準（評価方法）
第1時	① Who am I クイズをする。 ②自分のことを言う表現を復習する。	【主（聞）】誰（校内の先生など）についての説明か，聞き取ろうとしている。
第2時	①ペアで好きなものや欲しいものを伝え合う。 ②職業や性格の言い方を知る。	【知（読）】職業，性格について内容を理解している。（WS ❶）
第3時	①リスニングクイズをする。 ②好きなタレントやスポーツ選手の Who am I? を作る。	【技（聞）】自分のことや職業，性格について聞き取る技能を身に付けている。（WS ❷）
第4時	①全体でクイズを出し合う。 ②自分のことや，他の人の職業，性格について読む。	【思（や）】クイズを出し合っている。（WS ❸） 【思（読）】自分のことや，他の人の職業，性格について読む。（WS ❹）
第5時	①自分のことや，他の人の職業，性格について書く。 ②クイズを考える。	【思（書）】自分のことや，他の人の職業，性格について書く。（WS ❺）
第6時	①グループでクイズを書く。 ②グループで練習する。	【思（書）】クイズを書いている。（WS ❻） 【主（発）】積極的に練習しようとしている。
第7時	①全体の前でクイズを出す。 ②他はクイズに答える。	【思（発）】クイズを出している。（T ❻） 【思（聞）】内容を捉えている。（T ❻）

第6学年・ユニット3

2 解答・解説

Worksheet ❶語彙・並べ替え

解答　1.（1）③　　（2）①　　（3）④　　（4）⑤　　（5）②

　　2.（1）③　　（2）①　　（3）②　　3.（1）②　　（2）①　　（3）③

Worksheet ❷リスニング

解答　1.（1）④　　（2）①　　（3）②　　（4）③　　2.（1）かっこいい　　（2）おもしろい

（3）えらい　　3.（1）ミュージシャン　　（2）徳島　　（3）うまく歌が歌える　　（4）有名

解説　〈スクリプト〉1.（1）artist　　（2）doctor　　（3）baseball player　　（4）teacher

　　2.（1）Ichiro is cool.　　（2）Daigo is funny.　　（3）Yamanaka Shinya is great.

　　3.　He is a musician.　He is from Tokushima.　He can sing very well.　He is famous.

Worksheet ❹リーディング

解答　2.（1）コメディアン　　（2）仙台　　（3）ラグビー　　（4）おもしろい

（5）サンドウィッチマン

解説　2では，子ども達に親しまれている学校の先生や，タレント，スポーツ選手などを取り上げて，問題を作ると楽しく英文を読むようになる。

Worksheet ❺ライティング

解答　2.（1）I have a soccer ball.　　（2）She is an artist.　　（3）He is gentle.

解説　2の（1）では，子どもがどこでつまずいているのかを確認して，丁寧に指示をすることが大切である。語順が理解できていないのか，書き写すことができないのか，語句の意味が理解できていないのかを見極め，努力していることを褒めながら，「〜すると良くなるよ」と書くための改善策を伝えることである。

Worksheet&Test ❻発表（パフォーマンステスト）

解説　グループで役割を決めて，作成し発表させる。もちろん，個人発表も可能である。

評価規準　話すこと［発表］

【知識・技能】〈知識〉人物を紹介する語彙や表現，語順を理解している。

【思考・判断・表現】Who is he/she? クイズをグループで作成し，発表している。

ルーブリック	A　十分満足できる	B　おおむね満足できる	C　努力を要する
Who is he/she? クイズをグループで作成し，発表している。	聞き手を意識しながら，工夫したクイズを出題している。	基本的な語彙や表現を用いて，クイズを出題している。	途中で出題を終えたり，出題できなかったりしている。

【主体的に学習に取り組む態度】Who is he/she? クイズで，聞き手が理解しやすいように，分かりやすく作成し，発表しようとしている。

番＿＿＿＿＿＿　名前＿＿＿＿＿＿＿＿＿

【知識・技能】

１．次の英語の意味について，線でむすびましょう。

(1) teacher　　　　　・　　　　　　　・　①医者

(2) doctor　　　　　・　　　　　　　・　②テニスの選手

(3) singer　　　　　・　　　　　　　・　③先生

(4) comedian　　　 ・　　　　　　　・　④歌手

(5) tennis player　・　　　　　　　・　⑤コメディアン

２．次の英語の文の意味を表す絵を一つ選び，番号を（　　　　）に書き入れなさい。

(1) I want two pencils.　（　　　　　）

(2) I play the guitar.　（　　　　　）

(3) I like cooking.　　（　　　　　）

①	②	③

３．次の絵に合う英語を　　　　　から一つ選び，番号を（　　　　）に書き入れなさい。

(1)　　　　　　　　　　(2)　　　　　　　　　　(3)

（　　　　　　　　）　（　　　　　　　　　）　（　　　　　　　　）

① funny　　　② kind　　　③ great

Worksheet ❷ リスニング

番_____　名前_____

【知識・技能】

１．英語を聞いて，それぞれ適する絵を選んで，番号を書きましょう。

(1)_____　(2)_____　(3)_____　(4)_____

２．英語を聞いて，それぞれの人はどのような人ですか。（　　　　）に日本語
で書きましょう。

(1)イチロー　　→ （　　　　　　　　　　　　　　　　　　　　　　　）

(2)大悟　　　　→ （　　　　　　　　　　　　　　　　　　　　　　　）

(3)山中伸弥　　→ （　　　　　　　　　　　　　　　　　　　　　　　）

【思考・判断・表現】

３．ある人の紹介文を聞いて，それぞれの質問に日本語で答えましょう。

(1)職業　　　　　（　　　　　　　　　　　　　　　　　　　　　　　）

(2)出身地　　　　（　　　　　　　　　　　　　　　　　　　　　　　）

(3)できること　　（　　　　　　　　　　　　　　　　　　　　　　　）

(4)とくちょう　　（　　　　　　　　　　　　　　　　　　　　　　　）

Worksheet ❸ やり取り

番_____名前_____

【思考・判断・表現】

1．Who am I? クイズを作りましょう。

タレント，スポーツ選手など：　（　　　　　　　　　　　　　　　　　）

(1)ヒント① _____

(2)ヒント② _____

(3)ヒント③ _____

2．友達と，Who am I? クイズをしましょう。

Name	タレント，スポーツ選手などの名前	いくつ目のヒントで分かりましたか
（例）先生		

Worksheet ❹ リーディング

番＿＿＿＿＿名前＿＿＿＿＿＿＿

【知識・技能】

1. 英語の文を読んで，英語らしく読めたら◎，まあまあ読めたら〇，なかなか読めなかったら△を自分で（　　　）に書きましょう。（ペアで読み合わせをして，友達に◎，〇，△を書いてもらうこともできます）

(1) I want a new cap. 　　　　　　　　（　　　　　　　　　　）
　　「私は新しい帽子がほしいです。」

(2) She is a nurse. 　　　　　　　　　（　　　　　　　　　　）
　　「彼女は看護師です。」

(3) He is brave. 　　　　　　　　　　（　　　　　　　　　　）
　　「彼は勇敢です。」

【思考・判断・表現】

2. 次の英語を読んで，分かったことを（　　　　　）に日本語で書きましょう。
　　He is a comedian.
　　He is from Sendai.
　　He can play rugby.
　　He is funny.
　　Who is he?

(1)彼の職業は何ですか。　　　　　　（　　　　　　　　　　）

(2)彼の出身地はどこですか。　　　　（　　　　　　　　　　）

(3)彼は何のスポーツができますか。　（　　　　　　　　　　）

(4)彼はどのような人ですか。　　　　（　　　　　　　　　　）

(5)彼のいるコンビの名前は何ですか。（　　　　　　　　　　）

Worksheet ❺ ライティング

番＿＿＿＿＿＿ 名前＿＿＿＿＿＿＿＿＿

【知識・技能】

1. 次の英語を書き写してみましょう。

(1)有名な　　famous　＿＿＿＿＿＿＿＿＿＿＿＿＿＿＿＿

(2)えらい　　great　＿＿＿＿＿＿＿＿＿＿＿＿＿＿＿＿

(3)親切な　　kind　＿＿＿＿＿＿＿＿＿＿＿＿＿＿＿＿

(4)かっこいい　cool　＿＿＿＿＿＿＿＿＿＿＿＿＿＿＿＿

【思考・判断・表現】

2. ＿＿＿を参考に，次の日本語に合う文を英語で書きましょう。

(1)「私はサッカーボールを持っています。」
＿＿＿＿＿＿＿＿＿＿＿＿＿＿＿＿＿＿＿＿＿＿＿ ．

(2)「彼女は芸術家です。」
＿＿＿＿＿＿＿＿＿＿＿＿＿＿＿＿＿＿＿＿＿＿＿ ．

(3)「彼はやさしい人です。」
＿＿＿＿＿＿＿＿＿＿＿＿＿＿＿＿＿＿＿＿＿＿＿ ．

gentle,　famous,　He,　She,　you,　I,　a soccer ball,　a soccer player,　an artist,　a teacher,　have,　want,　is,　is,　are,　am

108

❻発表（パフォーマンステスト）

番＿＿＿＿＿＿　名前＿＿＿＿＿＿＿＿

【思考・判断・表現】

１．Who is he/she? クイズをグループで考えて，出題しましょう。

〈Who is he/she?〉

He / She is ＿＿＿＿＿＿＿＿＿＿＿＿＿＿＿＿. （職業）

He / She is ＿＿＿＿＿＿＿＿＿＿＿＿＿＿＿＿. （出身地）

He / She can ＿＿＿＿＿＿＿＿＿＿＿＿＿＿＿＿. （できること）

He / She is ＿＿＿＿＿＿＿＿＿＿＿＿＿＿＿＿. （性格など）

Who is he / she?

２．他のグループのクイズを聞いて，表に書きましょう。

グループ名（Name）	ヒントのメモ	答え

> 単 元 名：「We all live on the Earth 地球の生き物について，つながりを発表しよう」
> 言語材料：Where do (lions) live? (Lions) live in the savanna. What do (lions)
>   eat? (Lions) eat (zebras).
> 関連教材：東書（6年 U5），光村（6年 Fun Time 5）ほか

1　単元の指導目標と指導計画

・指導目標

(1)　地球に暮らす生き物やその連鎖に関する語句や表現を理解し，情報を聞き取って話すことができる。また，話したい内容について例を参考に書き写すことができる。

(2)　地球に暮らす生き物の連鎖について知るために，話の概要が分かったり，簡単な語句や基本的な表現を用いて，生き物の連鎖について話したりすることができる。

(3)　他者に配慮し，主体的に英語を用いて生き物の連鎖について話そうとする。

・指導計画（全7時間）

時間	学習活動	評価規準（評価方法）
第1時	①スモールトークを聞く。 ②生き物の名前を知る。	【知（聞）】生き物の名前や連鎖について表す語句や表現を理解している。
第2時	①チャンツやゲームをする。 ②生き物の住む場所を知る。	【知（読，書）】生き物の名前や住む場所について知っている。（WS❶）
第3時	①ペアで生き物の住む場所や食べ物について尋ね合う。 ②リスニングクイズをする。	【技（聞）】生き物の名前や住む場所，食べ物について聞き取る技能を身に付けている。（WS❷）
第4時	①生き物の連鎖について読む。 ②生き物のことを書く。	【思（読）】生き物の名前やつながりについて読んでいる。（WS❹） 【技（書）】生き物について書いている。（WS❺）
第5時	①クラスの友達と動物当てクイズをする。 ②生き物について調べる。	【思（や）】友達と動物当てクイズをしている。（WS❸）
第6時	①グループで発表準備をする。 ②発表の練習をする。	【思（書）】発表文を書いている。（WS❻） 【主（発）】積極的に練習しようとしている。
第7時	①全体の前で発表する。 ②発表を聞く。	【思（発）】発表をしている。（T❻） 【思（聞）】内容を捉えている。（T❻）

第6学年・ユニット4

2 解答・解説

Worksheet ❶語彙・並べ替え

解答 1. (1)③ (2)⑤ (3)⑥ (4)① (5)④ (6)②

2. 都市名や人の名前と同様，惑星名など一つしかない固有名詞は大文字で始まります。

3. Where do zebras live?

Worksheet ❷リスニング

解答 1. (1)③ (2)④ (3)② (4)① 2. (1)× （シマウマはライオンを食べない）
(2)○ (3)○ (4)× （ウサギは海には住んでいない）

3. (1)トラ (2)強い (3)森林 (4)動物

解説 〈スクリプト〉1. (1) zebra (2) sea turtle (3) lion (4) tiger

2. (1) Zebras eat lions. (2) Lions eat zebras. (3) Rabbits live in the forest.
(4) Rabbits live in the sea.

3. Hello, everyone. Do you like tigers? Tigers are strong. Tigers live in the forest.
Tigers eat animals. Thank you for listening.

Worksheet ❹リーディング

解答 2. みんな地球に住んでいる。ウサギはかわいい。ウサギは森に住んでいる。ウサギ
は草を食べる。

解説 1では，担任や ALT がモデルを示した後に，子ども個々やペアで読ませる。その後，
何人かの子どもにモデルとして読ませ，自分自身の評価についても話し合わせる。

Worksheet ❺ライティング

解答 2. (1) Lions eat zebras. (2) Giraffes live in the savanna. 3. Where do koalas live?

Worksheet&Test ❻発表（パフォーマンステスト）

解説 1では，書くことも評価に入れるのか，発表だけを評価に定めるかなどを決めること
が必要である。2では，聞く側の子ども達の評価も加えることができる。

評価規準 話すこと［発表］

【知識・技能】〈技能〉生き物の連鎖について発表する技能を身に付けている。

【思考・判断・表現】生き物の連鎖について，グループで発表している。

ルーブリック	A 十分満足できる	B おおむね満足できる	C 努力を要する
生き物の連鎖について，グループで発表している。	より分かりやすく工夫して，グループで発表している。	簡単な語句や基本的な表現を用いて，発表している。	友達や教師に言われた通りに話している。

【主体的に学習に取り組む態度】聞き手に配慮しながら，生き物の連鎖について，グループ
で発表しようとしている。

Worksheet ❶語彙・並べ替え

番＿＿＿＿＿名前＿＿＿＿＿＿＿

【知識・技能】

１．次の英語とその意味する日本語とを線でむすびましょう。

(1) animal   ・   ・ ①クラゲ

(2) sea turtle   ・   ・ ②地球

(3) lion   ・   ・ ③動物

(4) jellyfish   ・   ・ ④シマウマ

(5) zebra   ・   ・ ⑤ウミガメ

(6) Earth   ・   ・ ⑥ライオン

【思考・判断・表現】

２．英語の Earth はなぜ，いつもはじめの文字 E が大文字なのでしょうか。
考えて書いてみましょう。（ヒント：東京—Tokyo，あずさ—Azusa）

＿＿＿＿＿＿＿＿＿＿＿＿＿＿＿＿＿＿＿＿＿＿＿＿＿＿

３．次の英語のことばを並べ替え，日本語に合う文にしましょう。

「シマウマはどこに住んでいますか。」

| do | | zebras | | Where | | live |

＿＿＿＿＿＿＿＿＿＿＿＿＿＿＿＿＿＿＿＿＿＿＿＿？

112

Worksheet ❷リスニング

番＿＿＿＿＿＿＿名前＿＿＿＿＿＿＿＿＿＿＿＿

【知識・技能】

1．英語を聞いて，それぞれの生き物の絵を選び，番号を書きましょう。

(1)＿＿＿＿＿＿＿＿　(2)＿＿＿＿＿＿＿＿　(3)＿＿＿＿＿＿＿＿　(4)＿＿＿＿＿＿＿＿

【思考・判断・表現】

2．英語を聞いて，それぞれ正しい文には〇を，まちがっている文には×を書きましょう。まちがっている文には，その理由を書きましょう。

(1)＿＿＿＿＿＿＿＿　理由（　　　　　　　　　　　　　　　　　　　　　）

(2)＿＿＿＿＿＿＿＿　理由（　　　　　　　　　　　　　　　　　　　　　）

(3)＿＿＿＿＿＿＿＿　理由（　　　　　　　　　　　　　　　　　　　　　）

(4)＿＿＿＿＿＿＿＿　理由（　　　　　　　　　　　　　　　　　　　　　）

3．生き物に関する発表を聞いて，内容をそれぞれ（　　　　）に書きましょう。

(1)生き物の名前　　　（　　　　　　　　　　　　　　　　　　　　　　　）

(2)生き物の特徴　　　（　　　　　　　　　　　　　　　　　　　　　　　）

(3)住んでいるところ　（　　　　　　　　　　　　　　　　　　　　　　　）

(4)食べるもの　　　　（　　　　　　　　　　　　　　　　　　　　　　　）

Worksheet ❸ インタビュー

番＿＿＿＿＿＿名前＿＿＿＿＿＿＿＿＿

【思考・判断・表現】

1. 友達と，ある生き物になって，尋ね合い，どの生き物なのか当てましょう。
   - Where do you live? — I live in ....
   - What do you eat? — I eat ....
   - Are you ...? — Yes, I do. / No, I don't.

Name	住む場所	食べるもの	生き物名
（例）先生			

Worksheet ❹リーディング

番_____名前_____

【知識・技能】

1. 英語の文を読んで，英語らしく読めたら◎，まあまあ読めたら〇，なかなか読めなかったら△を（　　　）に書きましょう。（ペアで読み合わせをして，友達に◎，〇，△を書いてもらうこともできます）

(1) Where do zebras live?　　　　　　（　　　　　　　　　）
　　「シマウマはどこに住んでいますか。」

(2) Elephants live in the savanna.　　（　　　　　　　　　）
　　「ゾウはサバンナに住んでいます。」

(3) What do dolphins eat?　　　　　　（　　　　　　　　　）
　　「イルカは何を食べますか。」

【思考・判断・表現】

2. 次の英文を読んで，分かったことを□□□にまとめましょう。

　　Hello, everyone.
　　We all live on the Earth.
　　Rabbits are cute.
　　Rabbits live in the forest.
　　Rabbits eat grasses.
　　Thank you for listening.　　　　　　　　　　（＊grasses 草）

（分かったこと）

Worksheet ❺ライティング

番_____　名前_____

【知識・技能】

1. 次の英語を書き写してみましょう。

(1)どこに　　　　where　_____

(2)地球　　　　　Earth　_____

(3)食べる　　　　eat　_____

【思考・判断・表現】

2. 次の英語を並べ替えて，内容の正しい文にしましょう。（文の初めの語は，大文字に変えて書きましょう）

(1)　| eat |　| zebras |　| lions |

_____.

(2)　| in |　| giraffes |　| savanna |　| live |　| the |

_____.

3. 次の日本語の意味になるように，英語で書きましょう。

「コアラはどこに住んでいますか。」

_____?

（ヒント：コアラ koalas）

番＿＿＿＿＿　名前＿＿＿＿＿＿＿＿＿

【思考・判断・表現】

１．生き物のつながりについての発表ために，表をつくりましょう。

Hello, everyone.

We all live on the Earth.

＿＿＿＿＿＿＿＿＿ are ＿＿＿＿＿＿＿＿＿＿．（生き物と様子）

＿＿＿＿＿＿＿＿＿ live in the ＿＿＿＿＿．（住む場所）

＿＿＿＿＿＿＿＿＿ eat ＿＿＿＿＿＿＿＿＿＿．（食べるもの）

Thank you for listening.

２．友達（グループ）の発表を聞いて，表に書きましょう。

名前（Name）	生き物の名前	生き物の様子	住む場所	食べるもの

Grade**6** | Unit**5**　夏休みの思い出

> 単 元 名：「My Summer Vacation　夏休みの思い出を発表しよう」
> 言語材料：I went to ....　I saw ....　I ate ....　I enjoyed ....　How was it?　It was ....
> 関連教材：東書（6年U4），光村（6年U4），開隆（6年L6），教出（6年L4）ほか

1　単元の指導目標と指導計画

・指導目標

⑴　夏休みの出来事や感想を紹介する語句や表現を理解し，自分の思い出を紹介することができる。

⑵　伝えたいことを選びながら，自分の夏休みの思い出について紹介することができる。

⑶　他者によく伝わるように配慮して，夏休みの出来事や感想を伝えようとしている。

・指導計画（全7時間）

時間	学習活動	評価規準（評価方法）
第1時	①スモールトークを聞く。 ②夏休みの出来事の言い方を知る。	【知（聞）】夏休みに関する語句や表現を知っている。
第2時	①過去の表現を知る。 ②ペアで夏休みの出来事を伝え合う。	【知（読，書）】夏休みに関する語句や表現を理解している。（WS ❶）
第3時	①全体で友達と夏休みの出来事について尋ね合う。 ②リスニングクイズをする。	【技（聞）】夏休みに関することや過去形について聞き取る技能を身に付けている。（WS ❷）
第4時	①夏休みについて書かれた文を読んだり，書いたりする。 ②教師の質問に答える。	【思（読，書）】夏休みについて書かれた文を読んだり，書いたりする。（WS ❹❺） 【思（や）】教師の質問に答えている。（WS ❸）
第5時	①クラスの友達と夏休みの出来事，感想を交流をする。 ②夏休みの発表を考える。	【思（や）】友達と夏休みについてやり取りしている。（WS ❸）
第6時	①発表準備をする。 ②発表の練習をする。	【思（書）】発表文を書いている。（WS ❻） 【主（発）】積極的に練習しようとしている。
第7時	①全体の前で発表する。 ②発表を聞く。	【思（発）】発表をしている。（T ❻） 【思（聞）】内容を捉えている。（T ❻）

第6学年・ユニット5

2 解答・解説

Worksheet ❶語彙・並べ替え

解答 1．(1)② (2)③ (3)① 2．(1)② (2)③ (3)①

3．I went to Mt. Fuji.

Worksheet ❷リスニング

解答 1．(1)② (2)① (3)③ 2．(1)スイカ (2)川 (3)友達 (4)楽しかった

3．(1)× (2)○ (3)× (4)○

解説 〈スクリプト〉1．(1)camping (2)fishing (3)shopping

2．(1)I ate watermelons. (2)I went to the river. (3)I saw my friends.

(4)It was fun.

3．Hello, everyone. I went to Adventure World. I saw many pandas. I ate fish. It was fun. Thank you.

Worksheet ❹リーディング

解答 2．岩手に行った。夏祭りを見た。わんこそばを食べた。すごかった。夏休みを楽しんだ。

解説 1では，担任やALTがモデルを示した後に，子ども個々やペアで読ませる。その後，何人かの子どもにモデルとして読ませ，自分自身の評価についても話し合わせる。

Worksheet ❺ライティング

解答 2．(1)We enjoyed fishing. (2)What did you eat? 3．I went to the sea.

解説 現在形と過去形は一緒に音読しながら書かせて定着を図るのが近道である。

Worksheet&Test ❻発表（パフォーマンステスト）

解説 1では，書くことも評価に入れるのか，発表だけを評価に定めるかなどを決めることが必要である。2では，聞く側の子ども達の評価も加えることができる。

評価規準 話すこと［発表］

【知識・技能】〈技能〉自分の夏休みの出来事や感想を紹介する技能を身に付けている。

【思考・判断・表現】夏休みの出来事や感想について，自分の考えや気持ちを話している。

ルーブリック	A 十分満足できる	B おおむね満足できる	C 努力を要する
夏休みの出来事や感想について，自分の考えや気持ちを話している。	夏休みの出来事や感想について，相手に分かるように工夫して，発表している。	夏休みの出来事や感想について，基本的な語句や表現を用いて，発表している。	発表を途中で終えたり，日本語で発表したり，発表になっていない。

【主体的に学習に取り組む態度】夏休みの出来事や感想を分かりやすく伝えるために，工夫しながら，自分の考えや気持ちなどを話そうとしている。

Worksheet ❶ 語彙・並べ替え

番＿＿＿＿＿名前＿＿＿＿＿＿＿＿＿

【知識・技能】

1．次の英語に合う絵を選び，下線に番号を書きましょう。

(1) mountain ＿＿＿＿＿　　(2) river ＿＿＿＿＿　　(3) sea ＿＿＿＿＿

①	②	③

【思考・判断・表現】

2．次の三つのヒントから，連想するものを□□□の中から一つ選び，番号を
書きましょう。

(1) mountain,　　curry and rice,　　dancing　（　　　　　　　　　　）

(2) cap,　　pool,　　P.E.　　　　　　　　　（　　　　　　　　　　）

(3) school,　　library,　　book　　　　　　（　　　　　　　　　　）

① reading	② camping	③ swimming

3．次の英語のことばを並べ替えて，日本語に合う文にしましょう。

「わたしは富士山に行きました。」

Mt. Fuji		went		I		to

＿＿＿＿＿＿＿＿＿＿＿＿＿＿＿＿＿＿＿＿＿＿＿＿＿＿＿＿＿ ．

120

Worksheet ❷ リスニング

番＿＿＿＿＿＿　名前＿＿＿＿＿＿＿＿＿

【知識・技能】

1．英語を聞いて，その英語に合う絵を選び，下線に番号を書きましょう。

(1)＿＿＿＿＿＿＿＿　(2)＿＿＿＿＿＿＿＿　(3)＿＿＿＿＿＿＿＿

【思考・判断・表現】

2．英語を聞いて，それぞれの質問に対する答えとして，正しいものに○をしましょう。

(1)食べたものは何？　　　（　アイスクリーム，　　魚，　　スイカ　）

(2)行ったところはどこ？　（　山，　　川，　　海　）

(3)会った人は誰？　　　　（　先生，　　友達，　　兄弟　）

(4)感想はどうだった？　　（　楽しかった，　すごかった，　こうふんした　）

3．英語を聞いて，それぞれの内容が正しいときには○を，まちがっているときには×を（　　　　　　　）に書きましょう。

(1)行った場所は，上野動物園だった。　　　（　　　　　　　　　　　）
(2)パンダを見た。　　　　　　　　　　　　（　　　　　　　　　　　）
(3)カレーライスを食べた。　　　　　　　　（　　　　　　　　　　　）
(4)楽しかった。　　　　　　　　　　　　　（　　　　　　　　　　　）

Worksheet ❸インタビュー

番＿＿＿＿＿　名前＿＿＿＿＿＿＿＿

【思考・判断・表現】

1. 友達と夏休みについて，尋ね合いましょう。

　　・Where did you go? — I went to ....
　　・What did you eat? — I ate ....
　　・What did you see? — I saw ....
　　・How was your summer vacation? — It was ....

Name	行った場所	食べたもの	見たもの 会った人	感想
（例）先生				

2. 先生がたずねたことに答えましょう。

　（例）質問：Where did you go?　　答え：I went to Tokyo.
　　　　質問：What did you eat?　　答え：I ate *monzyayaki*.

Worksheet ❹ リーディング

番＿＿＿＿＿　名前＿＿＿＿＿＿＿＿

【知識・技能】

1. 英語の文を読んで，英語らしく読めたら◎，まあまあ読めたら○，なかなか読めなかったら△を（　　　）に書きましょう。（ペアで読み合わせをして，友達に◎，○，△を書いてもらうこともできます）

(1) Where did you go?　　　　　　　　　　（　　　　　　　　　）
「あなたはどこに行きましたか。」

(2) I went to Hokkaido.　　　　　　　　　（　　　　　　　　　）
「わたしは北海道に行きました。」

(3) I saw my grandparents.　　　　　　　　（　　　　　　　　　）
「わたしはおじいちゃんとおばあちゃんに会いました。」

【思考・判断・表現】

2. 次の英文を読んで，分かったことを[　　　]にまとめましょう。

Hello, everyone.
I went to Iwate.
I saw the Summer Festival.
I ate *wankosoba*.
It was great.
I enjoyed my summer vacation.
Thank you for listening.　　　　　　　（＊わんこそば：岩手の名物）

（分かったこと）

Worksheet ❺ ライティング

番_____ 名前_____

【知識・技能】

1．次の英語を書き写してみましょう。

(1)行く　　go _____

(2)行った　went _____

(3)食べる　eat _____

(4)食べた　ate _____

(5)見る（会う）see _____

(6)見た（会った）saw _____

【思考・判断・表現】

2．次の英語を並べ替えて，内容の正しい文にしましょう。（文の初めの語は，大文字に変えて書きましょう）

(1) | enjoyed | | we | | fishing |

_____.

(2) | eat | | what | | you | | did |

_____?

3．次の日本語の意味になるように，英語で書きましょう。

「わたしは海に行きました。」

_____.

124

Worksheet&Test ❻発表（パフォーマンステスト）

番＿＿＿＿＿＿ 名前＿＿＿＿＿＿＿＿＿

【思考・判断・表現】

1. 夏休みについての発表のために，表をつくりましょう。

Hello, everyone.

I went to ＿＿＿＿＿＿＿＿＿＿＿＿. （場所など）

I ate ＿＿＿＿＿＿＿＿＿＿＿＿＿. （食べたもの）

I saw ＿＿＿＿＿＿＿＿＿＿＿＿. （見たもの，会った人）

I enjoyed ＿＿＿＿＿＿＿＿＿. （楽しんだこと）

It was ＿＿＿＿＿＿＿＿＿＿＿. （感想）

Thank you for listening.

2. 友達の発表を聞いて，表に書きましょう。

名前（Name）	行った場所	食べたもの	見た物，会った人	楽しんだこと，感想

> 単 元 名：「What do you want to watch?　スポーツを見よう」
> 言語材料：What do you want to watch?　I want to watch ....　Do you want to
> watch ...?　What sport do you like?　Who is your favorite ...?
> 関連教材：光村（6年U3），開隆（6年L8），教出（6年L6）ほか

1　単元の指導目標と指導計画

・指導目標

(1)　好きなスポーツや見たいスポーツについて尋ねたり答えたりする表現を理解し，相手と伝え合うことができる。

(2)　相手に自分の思いや考えを伝えるために，お互いの好きなスポーツや見たいスポーツ，その理由などを，質問したり答えたりすることができる。

(3)　自分の好きなスポーツや見たいスポーツについて，自分の思いや考えがよく伝わるように，伝え方を工夫しようとする。

・指導計画（全7時間）

時間	学習活動	評価規準（評価方法）
第1時	①スモールトークを聞く。 ②スポーツ名を知る。	【知（聞）】スポーツ名を理解している。
第2時	①好きなスポーツを書く。 ②ペアで好きなスポーツを尋ね合う。	【知（読，書）】スポーツ名を理解している。 （WS❶）
第3時	①スポーツの尋ね方を知る。 ②リスニングクイズをする。	【技（聞）】スポーツについて話される語句や表現を聞き取る技能を身に付けている。（WS❷）
第4時	①友達と見たいスポーツについて尋ね合う。 ②教師の質問に答える。	【思（や）】友達と見たいスポーツついてやり取りしている。（WS❸） 【思（や）】質問に答えている。（WS❸）
第5時	①スポーツの文を読む。 ②スポーツの文を書く。	【思（読，書）】スポーツについての文を読んでいる，書いている。（WS❹❺）
第6時	①発表の準備をする。 ②発表の練習をする。	【思（書）】発表する文を書いている。（WS❻） 【主（発）】積極的に練習しようとしている。
第7時	①全体の前で発表する。 ②発表を聞く。	【思（発）】発表をしている。（T❻） 【思（聞）】内容を捉えている。（T❻）

2 解答・解説

Worksheet ❶語彙・並べ替え

解答　1．(1)④　　(2)⑤　　(3)②　　(4)③　　(5)①

2．(1)ball がつく語　　(2)tennis がつく語　　(3)後ろに ing がつく語

(4)日本語が英語になった語

3．(1)What sports do you like?　　(2)Do you want to watch basketball?

Worksheet ❷リスニング

解答　1．(1)③　　(2)①　　(3)②　　2．(1)はい。　　(2)サッカー　　(3)水泳

3．(1)柔道　　(2)わくわくする。　　(3)祖父　　(4)できる。

解説　〈スクリプト〉1．(1)volleyball　　(2)wheelchair basketball　　(3)table tennis

2．(1)Do you like tennis? — Yes, I do.　　(2)What sports do you like? — I like soccer.

(3)What do you want to watch? — I want to watch swimming.

3．Hello, everyone.　I want to watch judo.　It's exciting.　My grandfather can do judo well.　I can do judo, too.

Worksheet ❹リーディング

解答　2．ラグビーが見たい。わくわくする。兄はラグビーがうまい。兄が好き。

解説　1 では，担任や ALT がモデルを示した後に，子ども個々やペアで読み合わせる。

Worksheet ❺ライティング

解答　2．(1)What do you want to watch?　(2)What sports do you like?

3．I want to watch basketball.

解説　常に発音しながら，書かせる習慣を身に付けさせたい。

Worksheet&Test ❻発表（パフォーマンステスト）

解説　2 では，聞く側の子ども達の評価も加えることができる。

評価規準　話すこと［発表］

【知識・技能】〈技能〉好きなスポーツや見たいスポーツについて話す技能を身に付けている。

【思考・判断・表現】好きなスポーツや見たいスポーツについて，伝えている。

ルーブリック	A　十分満足できる	B　おおむね満足できる	C　努力を要する
好きなスポーツや見たいスポーツについて，伝えている。	好きなスポーツや見たいスポーツについて，工夫して理由なども発表している。	見たいスポーツやしてみたいスポーツについて，発表している。	日本語で発表したり，途中で発表を諦めたりしている。

【主体的に学習に取り組む態度】好きなスポーツや見たいスポーツについて，聞き手に配慮しながら伝えようとしている。

Worksheet ❶語彙・並べ替え

番_____ 名前_____

【知識・技能】

１．次の英語とそのスポーツ名を線でむすびましょう。

(1) wheelchair tennis　・　　　　　・①柔道

(2) rugby　　　　　　　・　　　　　・②卓球

(3) table tennis　　　　・　　　　　・③バレーボール

(4) volleyball　　　　　・　　　　　・④車いすテニス

(5) judo　　　　　　　　・　　　　　・⑤ラグビー

【思考・判断・表現】

２．次の三つの語句に共通するのは何ですか，(　　　　)に書きましょう。

(1) basketball,　　baseball,　　softball　　(　　　　　　　　　　)

(2) table tennis,　　wheelchair tennis,　　tennis　(　　　　　　　　　)

(3) surfing,　　swimming,　　wrestling　　(　　　　　　　　　　)

(4) judo,　　kendo,　　karate　　　　　　(　　　　　　　　　　)

３．次の英語のことばを並べ替えて，日本語に合う文にしましょう。

(1)「どのスポーツが好きですか。」

| like | sports | do | What | you |

_____?

(2)「あなたはバスケットボールが見たいのですか。」

| basketball | to | you | Do | want | watch |

_____?

128

Worksheet ❷ リスニング

番_____　名前_____

【知識・技能】

1．英語を聞いて，その英語に合う絵を選び，下線に番号を書きましょう。

(1)_____　(2)_____　(3)_____

① ② ③

【思考・判断・表現】

2．会話を聞いて，質問に日本語で答えましょう。

(1)このスポーツは好きですか。　　　　　（　　　　　　　　　　　　　）

(2)何のスポーツが好きですか。　　　　　（　　　　　　　　　　　　　）

(3)何が見たいですか。　　　　　　　　　（　　　　　　　　　　　　　）

3．英語を聞いて，質問に日本語で答えましょう。

(1)何のスポーツが見たいですか。　　　　　　（　　　　　　　　　　　）
(2)そのスポーツを見るとどんな気持ちですか。（　　　　　　　　　　　）
(3)そのスポーツが得意なのは誰ですか。　　　（　　　　　　　　　　　）
(4)話している人はそのスポーツができますか。（　　　　　　　　　　　）

Worksheet ❸インタビュー

番_____　名前_____

【思考・判断・表現】

1. 友達と好きなスポーツと見たいスポーツについて，尋ね合いましょう。
   ・What sports do you like? — I like ....
   ・What do you want to watch? — I want to watch ....

Name	好きなスポーツ	見たいスポーツ
（例）先生		

2. 先生がたずねたことに答えましょう。
   （例）質問：What sports do you like?　　答え：I like soccer.
   　　　質問：What do you want to watch? 答え：I want to watch tennis.

130

Worksheet ④ リーディング

番＿＿＿＿＿名前＿＿＿＿＿＿＿＿＿

【知識・技能】

１．英語の文を読んで，英語らしく読めたら◎，まあまあ読めたら〇，なかなか読めなかったら△を（　　　）に書きましょう。（ペアで読み合わせをして，友達に◎，〇，△を書いてもらうこともできます）

(1) I like table tennis.　　　　　　　　　　（　　　　　　　　　　　　）
　　「わたしは卓球が好きです。」

(2) What do you want to watch?　　　　　（　　　　　　　　　　　　）
　　「あなたは何を見たいですか。」

(3) I want to watch wheelchair basketball.　（　　　　　　　　　　　　）
　　「わたしは車いすバスケットが見たいです。」

【思考・判断・表現】

２．次の英文を読んで，分かったことを□□□にまとめましょう。

Hello, everyone.
I want to watch rugby.
It's exciting.
My brother can play rugby well.
I like my brother.
Thank you.

（分かったこと）

Worksheet **❺** ライティング

番＿＿＿＿＿　名前＿＿＿＿＿＿＿＿＿

【知識・技能】

1．次の英語を書き写してみましょう。

　(1)サッカー　soccer

　(2)テニス　tennis

　(3)柔道　judo

　(4)水泳　swimming

　(5)野球　baseball

　(6)見る　watch

【思考・判断・表現】

2．次の英語を並べ替えて，内容の正しい文にしましょう。（文の初めの語は，大文字に変えて書きましょう）

　(1)　| want |　| you |　| to |　| what |　| watch |　| do |

＿＿＿＿＿＿＿＿＿＿＿＿＿＿＿＿＿＿＿＿＿＿＿＿＿＿＿？

　(2)　| sports |　| like |　| what |　| you |　| do |

＿＿＿＿＿＿＿＿＿＿＿＿＿＿＿＿＿＿＿＿＿＿＿＿＿＿＿？

3．次の日本語の意味になるように，英語で書きましょう。
　「わたしはバスケットボールが見たいです。」

＿＿＿＿＿＿＿＿＿＿＿＿＿＿＿＿＿＿＿＿＿＿＿＿＿＿＿．

Worksheet&Test ❻発表（パフォーマンステスト）

番＿＿＿＿＿＿名前＿＿＿＿＿＿＿＿＿

【思考・判断・表現】

１．してみたいスポーツ，または，見たいスポーツについての発表ために，表をつくりましょう。

Hello, everyone.

I want to play/do/watch ＿＿＿＿＿＿＿＿. （スポーツ名）

＿＿＿＿＿＿＿＿＿＿＿＿＿＿. （感想など）

＿＿＿＿＿＿＿＿＿＿＿＿＿＿. （好きな理由）

Do you want to ＿＿＿＿＿＿＿＿? （たずねる）

Thank you for listening.

２．友達の発表を聞いて，表に書きましょう。

名前（Name）	スポーツ名	したい？見たい？	感想	理由

単 元 名：「This is my town. 自分の町を紹介しよう」

言語材料：We have / don't have ....　We can see [eat / enjoy] ....　I want ... in
our town.　This is ....　It's famous for ....　It's ....　I usually eat.

関連教材：光村（6年U6），開隆（5年L9），啓林（6年L3）ほか

1　単元の指導目標と指導計画

・指導目標

(1)　町にあるものや無いもの，名物を紹介する表現を理解して，町について聞き取ったり伝え
たりすることができる。

(2)　町にあるものや無いもの，名物を紹介するポスターを作成し，それを提示しながら自分の
町について紹介することができる。

(3)　相手によく伝わるように工夫しながら，自分の町について紹介しようとする。

・指導計画（全7時間）

時間	学習活動	評価規準（評価方法）
第1時	①スモールトークをする。 ②町にあるものを知る。	【知（聞）】町にあるものや名物について理解している。
第2時	①町を紹介する表現を知る。 ②ペアで町の自慢をする。	【知（や）】町を紹介する表現を理解している。
第3時	①名物の特徴を表す語や表現を知る。 ②リスニングクイズをする。	【知（読，書）】町紹介の語を理解している。（WS❶） 【技（聞）】町紹介や名物について聞き取る技能を身に付けている。（WS❷）
第4時	①町紹介の語や文を読む。 ②町紹介の語や文を書く。	【思（読）】町紹介の語や文を読んでいる。（WS❹） 【思（書）】町紹介の語や文を書いている。（WS❺）
第5時	①クラスの子ども達と町紹介をし合う。 ②モデルの発表を聞く。	【思（や）】友達と町紹介をし合っている。（WS❸）
第6時	①グループで町紹介のポスターや文を作る。 ②グループで練習する。	【思（書）】町紹介の文を書いている。（WS❻） 【主（発）】積極的に練習しようとしている。
第7時	①全体の前で町紹介をする。 ②他は町紹介を聞く。	【思（発）】町紹介の発表をしている。（T❻） 【思（聞）】内容を捉えている。（T❻）

2 解答・解説

Worksheet ❶語彙・並べ替え

解答 1．(1)② (2)④ (3)⑤ (4)① (5)③

2．(1)② (2)③ (3)① 3．We can enjoy swimming.

Worksheet ❷リスニング

解答 1．(1)④ (2)① (3)③ (4)② 2．(1)大きな動物園 (2)琵琶湖 (3)ぶどう

3．(1)和歌山 (2)オレンジ（みかん） (3)大きな公園 (4)パンダ

解説 〈スクリプト〉1．(1)Japanese tea (2)sea (3)pineapple (4)river

2．(1)We have a big zoo. (2)We have Lake Biwa.

(3)This town is famous for grapes.

3．Welcome to Wakayama. It's famous for oranges. We have the big park. We can see pandas.

Worksheet ❹リーディング

解答 2．(1)山形 (2)古いお寺，立石寺 (3)山 (4)サクランボを食べること

解説 2では，子ども達に親しみやすい事柄や，社会科で学習したことを取り上げると分かりやすく，教科横断型の内容ともなり，効果が高い。

Worksheet ❺ライティング

解答 2．(1)This is Shinano River. (2)This town is famous for peaches.

(3)We don't have a zoo.

解説 2では，主語をはじめから提示しておき，それに続く動詞を見つけ，文の語順を考えながら正しく書き写させるなど，子どもの状況に即して，さまざまな指導を工夫することである。

Worksheet&Test ❻発表（パフォーマンステスト）

解説 グループで役割を決めて，ポスターなども作成し発表させる。

評価規準 話すこと［発表］

【知識・技能】〈技能〉町紹介をする技能を身に付けている。

【思考・判断・表現】町で有名なもの，町にあるものを紹介する表現を用いて，話している。

ルーブリック	A　十分満足できる	B　おおむね満足できる	C　努力を要する
町で有名なもの，町にあるものを紹介する表現を用いて，話している	ポスターを効果的に用いたり，既習表現を使ったりして，分かりやすく話している。	自分の町の有名なもの，町にあるものを紹介している。	日本語で話したり，途中で止めるなど，最後まで発表していない。

【主体的に学習に取り組む態度】相手に町のことがよく伝わるように工夫して，発表しようとしている。

Worksheet ❶ 語彙・並べ替え

番＿＿＿＿＿＿＿ 名前＿＿＿＿＿＿＿＿＿＿＿

【知識・技能】

1．次の英語の意味について，線でむすびましょう。

(1) mountain ・   ・ ①動物園

(2) lake ・   ・ ②山

(3) beach ・   ・ ③公園

(4) zoo ・   ・ ④湖

(5) park ・   ・ ⑤ビーチ

2．次の英語の文の意味を表す絵を一つ選び，番号を（   ）に書き入れなさい。

(1) This is Mt. Fuji.   （   ）

(2) We have a soccer stadium.   （   ）

(3) My town is famous for apples. （   ）

①   ②   ③

3．次の英語のことばを並べ替えて，日本語に合う文にしましょう。

「わたしたちは，水泳を楽しむことができます。」

| enjoy | | can | | We | | swimming. |

＿＿＿＿＿＿＿＿＿＿＿＿＿＿＿＿＿＿＿＿＿＿＿＿＿＿＿＿

Worksheet ❷ リスニング

【知識・技能】

１．英語を聞いて，それぞれ適する絵を選んで，番号を書きましょう。

(1)＿＿＿＿＿＿　(2)＿＿＿＿＿＿　(3)＿＿＿＿＿＿　(4)＿＿＿＿＿＿

| ① | ② | ③ | ④ |

２．英語を聞いて，それぞれの町には何があるのか，何が有名なのか，（　　　）に日本語で書きましょう。

　(1)　（　　　　　　　　　　　　　　　　　　　　　　　　　　　　　）

　(2)　（　　　　　　　　　　　　　　　　　　　　　　　　　　　　　）

　(3)　（　　　　　　　　　　　　　　　　　　　　　　　　　　　　　）

【思考・判断・表現】

３．あるところの紹介を聞いて，それぞれの質問に日本語で答えましょう。

　(1)紹介しているところ　　（　　　　　　　　　　　　　　　　　　　　）

　(2)有名な果物　　　　　　（　　　　　　　　　　　　　　　　　　　　）

　(3)そこにあるもの　　　　（　　　　　　　　　　　　　　　　　　　　）

　(4)見ることができる動物　（　　　　　　　　　　　　　　　　　　　　）

Worksheet ❸インタビュー

番＿＿＿＿＿名前＿＿＿＿＿＿＿＿＿

【思考・判断・表現】

友達の町紹介を聞いて，表に書き入れましょう。

Name	町にあるもの 有名なものなど	町でできること 好きなものなど	感想など
（例）先生			

Worksheet ❹ リーディング

番＿＿＿＿＿ 名前＿＿＿＿＿＿＿＿

【知識・技能】

１．英語の文を読んで，英語らしく読めたら◎，まあまあ読めたら〇，なかなか読めなかったら△を自分で（　　　　　）に書きましょう。（ペアで読み合わせをして，友達に◎，〇，△を書いてもらうこともできます）

(1) We have a big castle.　　　　　　　（　　　　　　　　　　　）
　　「大きなお城があります。」

(2) This is the museum.　　　　　　　（　　　　　　　　　　　）
　　「これは博物館です。」

(3) We can enjoy fishing.　　　　　　（　　　　　　　　　　　）
　　「魚釣りを楽しむことができます。」

【思考・判断・表現】

２．英語を読んで，分かったことを（　　　　　）に日本語で書きましょう。

Welcome to Yamagata.
It's famous for an old temple, Risshakuji.
We have Mt. Zao.
We can enjoy eating cherries.

(1)どこの紹介ですか。　　　　　（　　　　　　　　　　　　　　）

(2)何で有名ですか。　　　　　　（　　　　　　　　　　　　　　）

(3)蔵王とは何ですか。　　　　　（　　　　　　　　　　　　　　）

(4)何を楽しむことができますか。（　　　　　　　　　　　　　　）

Worksheet ❺ ライティング

番＿＿＿＿＿＿＿　名前＿＿＿＿＿＿＿＿＿＿

【知識・技能】

1. 次の語を書き写してみましょう。

(1)町 　　　　town 　　＿＿＿＿＿＿＿＿＿＿＿＿＿＿＿

(2)古い 　　　old 　　＿＿＿＿＿＿＿＿＿＿＿＿＿＿＿

(3)大きい 　　big 　　＿＿＿＿＿＿＿＿＿＿＿＿＿＿＿

(4)水族館 　　aquarium 　＿＿＿＿＿＿＿＿＿＿＿＿＿＿＿

【思考・判断・表現】

2. ☐ を参考に，次の日本語に合う文を書きましょう。

(1)「これが，信濃川です。」
＿＿＿＿＿＿＿＿＿＿＿＿＿＿＿＿＿＿＿＿＿＿＿＿＿＿ .

(2)「この町は桃で有名です。」
＿＿＿＿＿＿＿＿＿＿＿＿＿＿＿＿＿＿＿＿＿＿＿＿＿＿ .

(3)「動物園はありません。」
＿＿＿＿＿＿＿＿＿＿＿＿＿＿＿＿＿＿＿＿＿＿＿＿＿＿ .

peaches,	Shinano River,	a zoo,	We,	is,	is,	This,
This,	don't,	famous,	town,	for,	have	

❻発表（パフォーマンステスト）

番＿＿＿＿＿名前＿＿＿＿＿＿＿＿

【思考・判断・表現】

1．グループで町の紹介文を作り，ポスターなどを見せながら発表しましょう。

Welcome to ＿＿＿＿＿＿＿＿＿＿＿＿．（町の名前）

This is ＿＿＿＿＿＿＿＿＿＿＿＿＿．（有名なところ）

It is famous for ＿＿＿＿＿＿＿＿＿＿．（有名な理由）

We have ＿＿＿＿＿＿＿＿＿＿＿＿＿．（町にあるもの）

We can ＿＿＿＿＿＿＿＿＿＿＿＿＿＿．（できること）

Thank you.

2．他のグループの発表を聞いて，表に書きましょう。

グループ名	有名なところ	有名な理由	町にあるもの	できること

単 元 名：「My Best Memory　小学校の思い出を発表しよう」

言語材料：What's your best memory?　My best memory is ....　We went to [saw / ate / enjoyed / played / sang] ....　It was ....

関連教材：東書（6年U7），光村（6年U7），開隆（6年L9），教出（6年L7）ほか

1　単元の指導目標と指導計画

・指導目標

⑴　思い出を紹介する表現を理解して聞き取ったり伝えたりできるとともに，例文を参考に思い出について書くことができる。

⑵　文の付いた思い出のアルバムを作成して，それを提示しながら，自分が最も印象に残っている思い出について紹介することができる。

⑶　相手に伝わるように工夫して思い出について紹介しようとする。

・指導計画（全7時間）

時間	学習活動	評価規準（評価方法）
第1時	①スモールトークを聞く。 ②学校行事の言い方を知る。	【知（聞）】学校の行事の言い方を理解している。
第2時	①思い出の言い方を知る。 ②小学校の思い出を考える。	【知（読，書）】小学校の行事や思い出の言い方について理解している。（WS❶）
第3時	①ペアで思い出を伝え合う。 ②リスニングクイズをする。	【技（聞）】小学校の行事や思い出について聞き取る技能を身に付けている。（WS❷）
第4時	①グループで小学校の思い出について伝え合う。 ②小学校の思い出を読む。	【思（読）】小学校の行事や思い出について読んでいる。（WS❹）
第5時	①小学校の思い出を書く。 ②クラスの友達と小学校の思い出について伝え合う。	【思（書）】小学校の行事や思い出について書いている。（WS❺） 【思（や）】小学校の行事や思い出について伝え合っている。（WS❸）
第6時	①発表の文を書く。 ②発表の練習する。	【思（書）】思い出を書いている。（WS❻） 【主（発）】積極的に練習しようとしている。
第7時	①全体の前で発表する。 ②発表を聞く。	【思（発）】思い出を発表している。（T❻） 【思（聞）】内容を捉えている。（T❻）

2 解答・解説

Worksheet ❶語彙・並べ替え

解答 1．(1)運動会　(2)遠足　(3)ボランティアの日　(4)音楽会　(5)水泳大会
(6)入学式　(7)演劇発表会，学習発表会　(8)社会科見学　(9)一番の　⑽思い出

2．(1)went　(2)saw　(3)ate　(4)enjoyed　(5)played　(6)was

3．(1)My best memory is the sports day.　(2)I ate lunch with my family.

Worksheet ❷リスニング

解答 1．(1)①　(2)④　(3)②　(4)③　2．(1)④　(2)②　(3)①　(4)③

3．(1)遠足　(2)大阪　(3)お好み焼き　(4)面白かった

解説 〈スクリプト〉1．(1)drama festival　(2)swimming meet　(3)school trip
(4)music festival

2．(1)I played the recorder.　(2)I went to Tokyo.　(3)I ate lunch with my friends.
(4)I saw beautiful arts.

3．My best memory is the school trip. I went to Osaka. I ate *okonomiyaki*. I saw
Tsutenkaku. It was fun.

Worksheet ❹リーディング

解答 2．一番の思い出は遠足。上野動物園に行った。たくさんの動物を見た。先生たちと
一緒に昼ご飯を食べた。友達と話して楽しかった。遠足は楽しかった。

解説 2では，一語一語訳さずとも，概要を理解しているかを重視する。

Worksheet ❺ライティング

解答 1．(1)sports　(2)music　(3)school　2．(1)ate　(2)saw

3．I went to Fukuoka in June.

Worksheet&Test ❻発表（パフォーマンステスト）

解説 2では，聞く側の子ども達の評価も加えることができる。

評価規準 話すこと［発表］

【知識・技能】〈技能〉思い出について紹介する技能を身に付けている。

【思考・判断・表現】小学校における一番の思い出について話している。

ルーブリック	A　十分満足できる	B　おおむね満足できる	C　努力を要する
小学校における一番の思い出について話している。	既習表現を用いて，伝わるように工夫して発表している。	自分の一番の思い出について，発表している。	日本語で発表したり，途中で発表を止めたりしている。

【主体的に学習に取り組む態度】相手によく伝わるように工夫しながら，自分の一番の思い
出について発表しようとしている。

Worksheet ❶ 語彙・並べ替え

番_____ 名前_____

【知識・技能】

1. 次の英語の意味を日本語で書きましょう。

(1) sports day _____ (2) school trip _____

(3) volunteer day _____ (4) music festival _____

(5) swimming meet _____ (6) entrance ceremony _____

(7) drama festival _____ (8) field trip _____

(9) best _____ (10) memory _____

2. 次の語を「～しました」のように過去のことを表す語にしましょう。

(1) go _____ (2) see _____

(3) eat _____ (4) enjoy _____

(5) play _____ (6) is _____

【思考・判断・表現】

3. 次の英語のことばを並べ替えて，日本語に合う文にしましょう。

(1)「わたしの一番の思い出は，運動会です。」

| best | | the sports day. | | My | | is | | memory |

_____

(2)「わたしは家族でお昼を食べました。」

| family. | | with | | I | | my | | ate | | lunch |

_____

144

Worksheet ❷ リスニング

番_____名前_____

【知識・技能】

1. 英語を聞いて，それぞれ行事を下の絵から選んで，番号を書きましょう。

(1)_____　(2)_____　(3)_____　(4)_____

2. 英語を聞いて，それぞれしたことを下の絵から選んで，番号を書きましょう。

(1)_____　(2)_____　(3)_____　(4)_____

　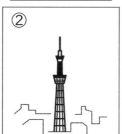　　

【思考・判断・表現】

3. スピーチを聞いて，内容をそれぞれ（　　　）に日本語で書きましょう。

(1)一番の思い出　　（　　　　　　　　　　　　　　　　）

(2)行ったところ　　（　　　　　　　　　　　　　　　　）

(3)食べたもの　　　（　　　　　　　　　　　　　　　　）

(4)感想　　　　　　（　　　　　　　　　　　　　　　　）

Worksheet ❸ インタビュー

番＿＿＿＿＿＿名前＿＿＿＿＿＿＿＿＿

【思考・判断・表現】

1. 友達と，小学校の一番の思い出をたずね合いましょう。

Name	思い出の行事	行ったところ したことなど	楽しかったこと 感想など
（例）先生			

2. 先生がたずねたことに答えましょう。

（例）質問：What is your best memory?
　　　答え：My best memory is the school trip.
　　　質問：What did you do.
　　　答え：I ate *katsuonotataki*.

146

Worksheet ❹ リーディング

番_____ 名前_____

【知識・技能】

1. 英語の文を読んで，英語らしく読めたら◎，まあまあ読めたら〇，なかなか読めなかったら△を（　　　）に書きましょう。（ペアで読み合わせをして，友達に◎，〇，△を書いてもらうこともできます）

(1) My best memory is the music festival.　　（　　　　　　　　）
「わたしの一番の思い出は音楽会です。」

(2) I ate lunch with my friends.　　（　　　　　　　　）
「わたしは友達といっしょにお昼ご飯を食べました。」

(3) I enjoyed shopping.　　（　　　　　　　　）
「わたしは買い物を楽しみました。」

【思考・判断・表現】

2. 次の英語を読んで，分かったことを□□□にまとめてみましょう。

Hello, everyone.
My best memory is the school trip.
We went to Ueno Zoo.
We saw many animals.
We ate lunch with our teachers.
I enjoyed talking with my friends.
It was fun.

（分かったこと）

Worksheet ❺ ライティング

番＿＿＿＿＿ 名前＿＿＿＿＿＿＿＿

【知識・技能】

1. 次の行事の言い方の一部を書きましょう。

(1)運動会 ＿＿＿＿＿＿＿＿＿＿＿＿＿＿＿＿＿＿＿＿＿＿ day

(2)音楽会 ＿＿＿＿＿＿＿＿＿＿＿＿＿＿＿＿＿＿＿＿ festival

(3)遠足 ＿＿＿＿＿＿＿＿＿＿＿＿＿＿＿＿＿＿＿＿＿＿ trip

2. 絵を見て，したことについて書きましょう。

(1)

I ＿＿＿＿＿＿＿＿＿＿＿＿＿＿＿ *takoyaki.*

(2)

I ＿＿＿＿＿＿＿＿＿＿＿＿＿＿＿ Mt. Fuji.

【思考・判断・表現】

3. 次の日本語の意味になるように，英語で書きましょう。

「わたしは６月に福岡に行きました。」

＿＿＿＿＿＿＿＿＿＿＿＿＿＿＿＿＿＿＿＿＿＿＿＿＿＿＿.

(＊～に：in ...)

番＿＿＿＿＿＿名前＿＿＿＿＿＿＿＿＿＿

【思考・判断・表現】

１．小学校の思い出について，表をつくり，発表しましょう。

Hello, everyone.
My best memory is ＿＿＿＿＿＿＿＿＿＿＿＿＿＿＿＿＿.
I ＿＿＿＿＿＿＿＿＿＿＿＿＿＿＿＿. （したことなど）
I ＿＿＿＿＿＿＿＿＿＿＿＿＿＿＿＿. （したことなど）
I ＿＿＿＿＿＿＿＿＿＿＿＿＿＿＿＿. （楽しかったことなど）
I ＿＿＿＿＿＿＿＿＿＿＿＿＿＿＿＿. （感想）
Thank you.

２．友達の発表を聞いて，表に書きましょう。

名前（Name）	一番の思い出	したことなど

> 単 元 名：「I have a dream. 将来の夢を発表しよう」
> 言語材料：What do you want to be …?　I want to be ….　　Why?　I like ….　I want to ….　I'm good at ….
> 関連教材：東書（6年U8），光村（6年U8），開隆（6年L10），教出（6年L8）ほか

1　単元の指導目標と指導計画

・指導目標

(1) なりたい職業とその理由を伝える表現を理解し，将来の夢を発表したり書いたり読み取ったりすることができる。

(2) なりたい職業とその理由について，書いたり発表したりして将来の夢を伝えることができる。また，将来の夢について書かれた英文を読み，内容を読み取ることができる。

(3) 将来の夢を積極的に発表したり英語で書いたりしようとする。また，書かれた英文を読んで，内容を理解しようとする。

・指導計画（全7時間）

時間	学習活動	評価規準（評価方法）
第1時	①スモールトークを聞く。 ②職業の言い方を知る。	【知（聞）】職業の言い方を理解している。
第2時	①職業の尋ね方を知る。 ②なりたい職業を伝え合う。	【知（読，書）】職業名やなりたい職業を尋ねる表現を理解している。（WS❶）
第3時	①なりたい職業とその理由の言い方を知る。 ②リスニングクイズをする。	【技（聞）】職業を表す語や尋ねる表現，理由などを聞き取る技能を身に付けている。（WS❷）
第4時	①将来の夢について読む。 ②将来の夢について書く。	【思（読，書）】職業名や将来の夢について読んだり，書いたりしている。（WS❹❺）
第5時	①クラスの友達と将来の夢について伝え合う。 ②発表の準備をする。	【思（や）】将来の夢について伝え合っている。（WS❸）
第6時	①発表の文を書く。 ②発表の練習をする。	【思（書）】夢について書いている。（WS❻） 【主（発）】積極的に練習しようとしている。
第7時	①全体の前で発表する。 ②発表を聞く。	【思（発）】夢を発表している。（T❻） 【思（聞）】内容を捉えている。（T❻）

2 解答・解説

Worksheet ❶語彙・並べ替え

解答　1．(1)⑤　　(2)④　　(3)⑦　　(4)②　　(5)⑧　　(6)①　　(7)⑨　　(8)⑩　　(9)⑥

(10)③　　2．(1)(2)teacher, baker　　(3)(4)doctor, actor　　(5)(6)artist, florist

3．I want to be a soccer player.

Worksheet ❷リスニング

解答　1．(1)③　　(2)①　　(3)④　　(4)②　　2．(1)④　　(2)③　　(3)①　　(4)②

3．(1)花屋　　(2)花が好き。　　(3)きれいな店をもちたい。

解説　〈スクリプト〉1．(1)flight attendant　　(2)farmer　　(3)singer　　(4)police officer

2．(1)I want to be a teacher. I like Japanese.

(2)I want to be an astronaut. I like science.

(3)I want to be a baseball player. I like P.E.

(4)I want to be a singer. I like music.

3．Hello. I want to be a florist. I like flowers. I want to have a beautiful shop.

Worksheet ❹リーディング

解答　2．夢がある。客室乗務員になりたい。飛行機が好き。人のお手伝いをしたい。

解説　2では，一語一語訳さずとも，概要を理解しているかを重視する。

Worksheet ❺ライティング

解答　2．(1)What do you want to be?　　(2)I want to be a firefighter.

3．I want to be a bus driver.

Worksheet&Test ❻発表（パフォーマンステスト）

解説　1では，書くことも評価に入れるのか，発表だけを評価に定めるのかなどを決めることが必要である。2では，聞く側の子ども達の評価も加えることができる。

評価規準　話すこと［発表］

【知識・技能】〈技能〉なりたい職業と理由を発表する技能を身に付けている。

【思考・判断・表現】なりたい職業とその理由について発表している。

ルーブリック	A　十分満足できる	B　おおむね満足できる	C　努力を要する
なりたい職業とその理由について発表している。	なりたい職業と理由を工夫して分かりやすく発表している。	なりたい職業とその理由について発表している。	発表を途中で止めたり，日本語で発表したりしている。

【主体的に学習に取り組む態度】なりたい職業とその理由について，聞き手に伝わるように配慮して，発表しようとしている。

Worksheet ❶語彙・並べ替え

番＿＿＿＿＿＿　名前＿＿＿＿＿＿＿＿＿＿

【知識・技能】

1．次の職業に関する英語と，その意味とをむすびましょう。

　(1) artist　　　・　　　　　・　①パン屋
　(2) nurse　　　・　　　　　・　②獣医（じゅうい）
　(3) teacher　　・　　　　　・　③パイロット
　(4) vet　　　　・　　　　　・　④看護師
　(5) doctor　　 ・　　　　　・　⑤芸術家
　(6) baker　　　・　　　　　・　⑥花屋
　(7) actor　　　・　　　　　・　⑦先生
　(8) astronaut　・　　　　　・　⑧医者
　(9) florist　　 ・　　　　　・　⑨俳優（はいゆう）
　(10) pilot　　　・　　　　　・　⑩宇宙飛行士

2．職業を表す語には，語尾が〜er，〜or，〜ist で終わるものが多くあります。上の1.の語のうち，それらで終わる語を抜き出して書き写しましょう。

　(1)〜er ＿＿＿＿＿＿＿＿＿＿＿　(2)〜er ＿＿＿＿＿＿＿＿＿＿＿

　(3)〜or ＿＿＿＿＿＿＿＿＿＿＿　(4)〜or ＿＿＿＿＿＿＿＿＿＿＿

　(5)〜ist ＿＿＿＿＿＿＿＿＿＿＿　(6)〜ist ＿＿＿＿＿＿＿＿＿＿＿

【思考・判断・表現】

3．次の英語のことばを並べ替えて，日本語に合う文にしましょう。
　「わたしはサッカーの選手になりたい。」

| want | a soccer player. | be | I | to |

＿＿＿＿＿＿＿＿＿＿＿＿＿＿＿＿＿＿＿＿＿＿＿＿＿＿＿＿＿＿＿＿＿
＿＿＿＿＿＿＿＿＿＿＿＿＿＿＿＿＿＿＿＿＿＿＿＿＿＿＿＿＿＿＿＿＿

Worksheet ❷ リスニング

番＿＿＿＿＿＿　名前＿＿＿＿＿＿＿＿＿＿

【知識・技能】

1. 英語を聞いて，それぞれの職業に合う絵を選んで，番号を書きましょう。

(1)＿＿＿＿＿＿＿　(2)＿＿＿＿＿＿＿　(3)＿＿＿＿＿＿＿　(4)＿＿＿＿＿＿＿

① ② ③ ④

2. 英語を聞いて，それぞれに関係する絵を選んで，番号を書きましょう。

(1)＿＿＿＿＿＿＿　(2)＿＿＿＿＿＿＿　(3)＿＿＿＿＿＿＿　(4)＿＿＿＿＿＿＿

① ② ③ ④

【思考・判断・表現】

3. 将来の夢を聞いて，内容をそれぞれ（　　　）に日本語で書きましょう。

(1)将来なりたい職業　　　（　　　　　　　　　　　　　　　　　　　　）

(2)なりたい理由　　　　　（　　　　　　　　　　　　　　　　　　　　）

(3)したいこと　　　　　　（　　　　　　　　　　　　　　　　　　　　）

Worksheet ❸ インタビュー

番＿＿＿＿＿＿　名前＿＿＿＿＿＿＿＿＿

【思考・判断・表現】
1. 友達と，将来の夢についてたずね合いましょう。

Name	なりたい職業	理由	やってみたいこと
（例）先生			

2. 先生がたずねたことに答えましょう。
（例）質問：What do you want to be?　　答え：I want to be a vet.
　　　質問：Why?　　　　　　　　　　　答え：I like animals.

Worksheet ❹リーディング

番＿＿＿＿＿＿　名前＿＿＿＿＿＿＿＿

【知識・技能】

１．英語の文を読んで，英語らしく読めたら◎，まあまあ読めたら○，なかなか読めなかったら△を（　　　）に書きましょう。（ペアで読み合わせをして，友達に◎，○，△を書いてもらうこともできます）

　(1) What do you want to be?　　　　　　　　（　　　　　　　　　）

　　　「なりたい職業は何ですか。」

　(2) I want to be a soccer player.　　　　　　（　　　　　　　　　）

　　　「わたしはサッカーの選手になりたい。」

　(3) I like soccer.　　　　　　　　　　　　　（　　　　　　　　　）

　　　「わたしはサッカーが好きです。」

【思考・判断・表現】

２．次の英語を読んで，分かったことを　　　　にまとめてみましょう。

Hello, everyone.

I have a dream.

I want to be a flight attendant.

I like airplanes.

I want to help people.

Thank you.

（分かったこと）

Worksheet ❺ ライティング

番＿＿＿＿＿＿　名前＿＿＿＿＿＿＿＿＿＿

【知識・技能】

１．次の英語を書き写してみましょう。

(1)先生　　　　　　teacher　　　＿＿＿＿＿＿＿＿＿＿＿＿＿＿

(2)芸術家　　　　　artist　　　　＿＿＿＿＿＿＿＿＿＿＿＿＿＿

(3)医者　　　　　　doctor　　　　＿＿＿＿＿＿＿＿＿＿＿＿＿＿

(4)警察官　　　　　police officer　＿＿＿＿＿＿＿＿＿＿＿＿＿＿

【思考・判断・表現】

２．次の英語を並べ替えて，内容の正しい文にしましょう。

(1)　| to | | What | | be | | want | | you | | do |

＿＿＿＿＿＿＿＿＿＿＿＿＿＿＿＿＿＿＿＿＿＿＿＿＿＿＿＿ ?

(2)　| want | | firefighter | | be | | to | | a | | I |

＿＿＿＿＿＿＿＿＿＿＿＿＿＿＿＿＿＿＿＿＿＿＿＿＿＿＿＿ .

３．次の日本語の意味になるように，英語で書きましょう。

「わたしはバスの運転手になりたいです。」

＿＿＿＿＿＿＿＿＿＿＿＿＿＿＿＿＿＿＿＿＿＿＿＿＿＿＿＿ .

Worksheet&Test ❻発表（パフォーマンステスト）

番＿＿＿＿＿　名前＿＿＿＿＿＿＿＿

【思考・判断・表現】

１．将来の夢について，表をつくり，発表しましょう。

Hello, everyone.
I have a dream.
I want to be ＿＿＿＿＿＿＿＿＿＿＿＿. （なりたい職業）
I ＿＿＿＿＿＿＿＿＿＿＿＿＿＿＿. （理由）
I ＿＿＿＿＿＿＿＿＿＿＿＿＿＿＿. （やってみたいこと）
Thank you.

２．友達の発表を聞いて，表に書きましょう。

名前（Name）	将来の夢	理由ややってみたいことなど

単 元 名：「Junior High School Life　中学校でがんばりたいことを発表しよう」
言語材料：What club do you want to join?　What event do you want to enjoy?
　　　　　What subject do you want to study hard?　I want to ....　I like ....　I
　　　　　can ....　I'm good at ....　I want to be ....
関連教材：東書（6年U8），光村（6年U9），開隆（6年L11），教出（6年L9）ほか

1　単元の指導目標と指導計画

・指導目標

(1)　中学校で入りたい部活動や楽しみな行事，がんばりたい教科を理解し，伝え合うことができる。

(2)　相手の発表に対し，詳しく知ろうと尋ねたり共感したりできる。

(3)　自分の発表で，良くできたところや改善したいところを見つけようとしている。

・指導計画（全7時間）

時間	学習活動	評価規準（評価方法）
第1時	①スモールトークを聞く。 ②部活動の言い方を知る。	【知（聞）】部活動の言い方を理解している。
第2時	①部活動の尋ね方を知る。 ②ペアで部活動を伝え合う。	【知（読，書)】部活動の言い方や部活動を尋ねる表現を理解している。（WS❶）
第3時	①行事の言い方を知る。 ②行事の尋ね方を知る。	【知（聞）】行事の言い方や尋ね方を理解している。
第4時	①リスニングクイズをする。 ②クラス，中学校の部活動や行事について尋ね合う。	【技（聞）】部活動や行事の言い方を聞き取る技能を身に付けている。（WS❷） 【思（や）】中学校での部活動や行事について伝え合っている。（WS❸）
第5時	①中学校での部活動や行事について読む。 ②中学校での部活動や行事について書く。	【思（読）】中学校での部活動や行事について読んでいる。（WS❹） 【思（書）】中学校での部活動や行事について書いている。（WS❺）
第6時	①発表の文を書く。 ②発表の練習をする。	【思（書）】発表の文を書いている。（WS❻） 【主（発）】積極的に練習をしようとしている。
第7時	①全体の前で発表する。 ②発表を聞く。	【思（発）】中学校生活を発表している。（T❻） 【思（聞）】内容を捉えている。（T❻）

2 解答・解説

Worksheet ❶語彙・並べ替え

解答 1．(1)⑥　(2)⑨　(3)⑧　(4)⑦　(5)①　(6)③　(7)④　(8)⑩　(9)⑤
(10)②　2．(1)②　(2)③　(3)①　3．I want to join the judo club.

Worksheet ❷リスニング

解答 1．(1)④　(2)①　(3)③　(4)②　2．(1)②　(2)①　(3)④　(4)③
3．(1)バレーボール部　(2)遠足　(3)数学

解説 〈スクリプト〉1．(1)computer club　(2)science club　(3)brass band
(4)chorus

2．(1)I want to join the softball team.

(2)I want to join the tennis team.

(3)I want to join the track and field team.

(4)I want to join the dance team.

3．Hello, everyone. I want to join the volleyball team. I want to enjoy the school trip. I
want to study math very hard. Thank you.

Worksheet ❹リーディング

解答 2．ダンス部に入りたい。音楽会を楽しみたい。英語を一生懸命勉強したい。

解説 2では，それぞれしたいことを捉えているかで判断する。

Worksheet ❺ライティング

解答 2．(1)What club do you want to join?　(2)I want to join the newspaper club.

3．I want to join the basketball team.

Worksheet&Test ❻発表（パフォーマンステスト）

解説 2では，聞く側の子ども達の評価も加えることができる。

評価規準 話すこと［発表］

【知識・技能】〈技能〉中学校でしたいことを伝える技能を身に付けている。

【思考・判断・表現】中学校でしたいことを，これまで学習した語彙や表現を用いて話して
いる。

ルーブリック	A　十分満足できる	B　おおむね満足できる	C　努力を要する
中学校でしたいことを，これまで学習した語彙や表現を用いて話している。	誰にでも分かりやすく，工夫しながら，中学校でしたいことを発表している。	中学校でしたいことを，学習した語彙や表現を用いて話している。	発表を途中で止めたり，紙を見たり，発表になっていない。

【主体的に学習に取り組む態度】聞き手に配慮しながら，中学校でしたいことを発表しよう
としている。

Worksheet ❶ 語彙・並べ替え

番＿＿＿＿＿＿　名前＿＿＿＿＿＿＿＿＿＿＿＿

【知識・技能】

1．次の部活動に関する英語と，その意味とを線でむすびましょう。

(1) basketball team	・		・	①バレーボール部
(2) computer club	・		・	②陸上部
(3) science club	・		・	③ブラスバンド部
(4) dance club	・		・	④新聞部
(5) volleyball team	・		・	⑤コーラス部
(6) brass band	・		・	⑥バスケットボール部
(7) newspaper club	・		・	⑦ダンス部
(8) soccer team	・		・	⑧科学部
(9) chorus	・		・	⑨コンピュータ部
(10) track and field team	・		・	⑩サッカー部

2．次の英語に合う絵を選び，下線に番号を書きましょう。

(1) cultural festival ＿＿＿　　(2) speech contest ＿＿＿　　(3) sports day ＿＿＿

【思考・判断・表現】

3．次の英語のことばを並べ替えて，日本語に合う文にしましょう。

「わたしは柔道部に入りたいです。」

| the judo club. | join | to | want | I |

＿＿＿＿＿＿＿＿＿＿＿＿＿＿＿＿＿＿＿＿＿＿＿＿＿＿＿＿＿

＿＿＿＿＿＿＿＿＿＿＿＿＿＿＿＿＿＿＿＿＿＿＿＿＿＿＿＿＿

Worksheet ❷リスニング

番＿＿＿＿＿＿名前＿＿＿＿＿＿＿＿＿＿

【知識・技能】

1. 英語を聞いて，それぞれの部活動に合う絵を選んで，番号を書きましょう。

(1)＿＿＿＿＿＿　　(2)＿＿＿＿＿＿　　(3)＿＿＿＿＿＿　　(4)＿＿＿＿＿＿

2. 英語を聞いて，それぞれに関係する絵を選んで，番号を書きましょう。

(1)＿＿＿＿＿＿　　(2)＿＿＿＿＿＿　　(3)＿＿＿＿＿＿　　(4)＿＿＿＿＿＿

【思考・判断・表現】

3. 英語を聞いて，中学校でしたいことについて，内容をそれぞれ（　　　　）
に日本語で書きましょう。

(1)入りたいクラブ　　　　（　　　　　　　　　　　　　　）

(2)楽しみたい学校行事　　（　　　　　　　　　　　　　　）

(3)がんばりたい教科　　　（　　　　　　　　　　　　　　）

Worksheet ❸ インタビュー

番_____名前_____

【思考・判断・表現】

1. 友達と，例を参考に，中学校で入りたい部活動や楽しみにしている学校行事，がんばりたい教科についてたずね合いましょう。

（例）What club do you want to join? ― I want to join the soccer team.
　　　What event do you want to enjoy? ― I want to enjoy the sports day.
　　　What subject do you want to study hard? ― I want to study P.E. hard.

Name	部活動	学校行事	科目
（例）先生			

2. 先生がたずねたことに答えましょう。

　（例）質問：What club do you want to join?
　　　　答え：I want to join <u>the art club.</u>
　　　　質問：What event do you want to enjoy?
　　　　答え：I want to enjoy <u>the school trip.</u>

Worksheet ❹ リーディング

番＿＿＿＿＿＿ 名前＿＿＿＿＿＿＿＿＿

【知識・技能】

1. 英語の文を読んで，英語らしく読めたら◎，まあまあ読めたら〇，なかなか読めなかったら△を（　　　　　）に書きましょう。（ペアで読み合わせをして，友達に◎，〇，△を書いてもらうこともできます）

(1) What club do you want to join?　　　　　（　　　　　　　　　　）
　　「何のクラブに入りたいですか。」

(2) I want to join the science club.　　　　　（　　　　　　　　　　）
　　「わたしは科学部に入りたいです。」

(3) I want to enjoy the sports day.　　　　　（　　　　　　　　　　）
　　「わたしは体育祭が楽しみです。」

【思考・判断・表現】

2. 次の英語を読んで，分かったことを　　　　にまとめてみましょう。

　　Hello, everyone.
　　I want to join the dance team.
　　I want to enjoy the music festival.
　　I want to study English very hard.
　　Thank you.

（分かったこと）

Worksheet ❺ ライティング

番_____　名前_____

１．次の英語を書き写してみましょう。

(1)美術部 　　　　art club 　_____

(2)コーラス部 　　chorus 　_____

(3)ブラスバンド部 　brass band 　_____

(4)サッカー部 　　soccer team 　_____

【思考・判断・表現】

２．次の英語を並べ替えて，内容の正しい文にしましょう。

(1) | do | | What | | want | | club | | join | | you | | to |

_____?

(2) | join | | the newspaper club | | I | | to | | want |

_____.

３．次の日本語の意味になるように，英語で書きましょう。

　　「わたしはバスケットボール部に入りたいです。」

_____.

164

❻発表（パフォーマンステスト）

番＿＿＿＿＿名前＿＿＿＿＿＿＿＿＿

【思考・判断・表現】

1．中学校でしたいことについて，表をつくり，発表しましょう。

> Hello, everyone.
>
> I want to ＿＿＿＿＿＿＿＿＿＿＿＿＿＿＿＿＿＿．（部活動）
>
> I want to ＿＿＿＿＿＿＿＿＿＿＿＿＿＿＿＿＿＿．（学校行事）
>
> I want to ＿＿＿＿＿＿＿＿＿＿＿＿＿＿＿＿＿＿．（科目）
>
> Thank you.

2．友達の発表を聞いて，表に書きましょう。

名前（Name）	部活動	学校行事	科目

第５＆第６学年
総合的な英語力を
計るテスト６

Chapter4

| 第５学年 | 168 |
| 第６学年 | 172 |

> 第5学年の総合的な英語力を計るワークシート・テストは，各学期末に子ども達が学期内に学んだことが，どの程度身に付いているかを確認するもので，それぞれの単元でのワークシート・テストを学期ごとに集約し，❶は一学期末，❷は二学期末，❸は三学期末に行うように配置している。

解答・解説

Test ❶ 総合的な英語力を計るテスト（自己紹介，時間割など）

解答 1．B, F, J, P, R, Y　　2．b, d, g, p, q, y

3．(1)誕生日　(2)2月　(3)8月　(4)11月　(5)社会　(6)理科　(7)図画工作
(8)家庭科　(9)水曜日　(10)火曜日

4．My birthday is ....

解説 ここでは，自己紹介，誕生日，時間割，一日の生活と盛りだくさんの内容を学んでいる。これらは，今後続く英語学習の基礎基本となるもので，確実に定着を図りたい内容である。したがって何度も繰り返し練習を重ねることが大切である。

Test ❷ 総合的な英語力を計るテスト（他己紹介，道案内など）

解答 1．(1)歌う　(2)泳ぐ　(3)リコーダーを吹く　(4)学校　(5)一輪車に乗る
(6)左　(7)レストラン　(8)図書館　(9)右　(10)公園

2．(1) He can run fast.　(2) You can see the bank on your right.

3．(1) I can ....　(2)（友達の名前）can ....

解説 ここでは，他己紹介（他者を紹介すること）や道案内に関して学んだことについて確認する。特に，英文の文頭は大文字で始めることや，単語と単語の間にはスペースを入れることなど，英語の基礎基本のルールを何度も繰り返して定着を図りたい。

Test ❸ 総合的な英語力を計るテスト（食べ物，ヒーローなど）

解答 1．(1)パン　(2)ごはん　(3)ジュース　(4)サラダ　(5)スープ　(6)お茶
(7)姉妹　(8)兄弟　(9)親切な　(10)すぐれた

2．(1) She can play tennis well.　(2) How much is curry and rice?

3．(1) My hero is ....　(2) I would like ....

解説 ここでは，食べ物やレストランでの注文の仕方，あこがれの人に関して学んだことを確認する。英語を書けるようにするには，しっかりと問題意識や課題意識を持たせることが重要である。つまり，真剣にあこがれの人について考えたり，レストランで一番食べたいものは何かなど，思考しながら書かせることで，書く能力の向上も図れる。同じように，授業でも，しっかりと自分の考えをまとめさせることから始めたい。

Test ❶総合的な英語力を計るテスト

番＿＿＿＿＿＿ 名前＿＿＿＿＿＿＿＿＿＿

【知識・技能】

１．アルファベットの大文字 A～Z の順に，空欄の文字を書き入れましょう。

A ＿＿＿＿＿＿＿＿ C D E ＿＿＿＿＿＿＿＿ G H I ＿＿＿＿＿＿＿＿ K L M N

O ＿＿＿＿＿＿＿＿ Q ＿＿＿＿＿＿＿＿ S T U V W X ＿＿＿＿＿＿＿＿ Z

２．アルファベットの小文字 a～z の順に，空欄の文字を書き入れましょう。

a ＿＿＿＿＿＿＿＿ c ＿＿＿＿＿＿＿＿ e f ＿＿＿＿＿＿＿＿ h i j k l m n

o ＿＿＿＿＿＿＿＿ ＿＿＿＿＿＿＿＿ r s t u v w x ＿＿＿＿＿＿＿＿ z

３．次の英語の意味を（　　　　）に日本語で書きましょう。
- (1) birthday （　　　　　） (2) February （　　　　　）
- (3) August （　　　　　） (4) November （　　　　　）
- (5) social studies （　　　　　） (6) science （　　　　　）
- (7) arts and crafts （　　　　　） (8) home economics （　　　　　）
- (9) Wednesday （　　　　　） (10) Tuesday （　　　　　）

【思考・判断・表現】

４．自分の誕生日を英語の文で書きましょう。

＿＿＿＿＿＿＿＿＿＿＿＿＿＿＿＿＿＿＿＿＿＿＿＿＿＿＿＿＿＿＿＿＿＿＿＿

＿＿＿＿＿＿＿＿＿＿＿＿＿＿＿＿＿＿＿＿＿＿＿＿＿＿＿＿＿＿＿＿＿＿＿＿

Test ❷ 総合的な英語力を計るテスト

番＿＿＿＿＿＿　名前＿＿＿＿＿＿＿＿＿＿

【知識・技能】

1. 次の英語の意味を（　　　）に書きましょう。

(1) sing （　　　　　　）　(2) swim （　　　　　　）

(3) play the recorder （　　　　　　）　(4) school （　　　　　　）

(5) ride a unicycle （　　　　　　）　(6) left （　　　　　　）

(7) restaurant （　　　　　　）　(8) library （　　　　　　）

(9) right （　　　　　　）　(10) park （　　　　　　）

【思考・判断・表現】

2. 次の英語のことばを並べ替えて，日本語に合う文にしましょう。（文の初めの語は，大文字に変えて書きましょう。）

(1)「彼ははやく走ることができます。」

| fast | | can | | he | | run |

_____ .

(2)「銀行は右に見えます。」

| your | | see | | you | | right | | on | | can | | the bank |

_____ .

3. 自分のできることと友達のできることを，英語の文で書きましょう。

(1)（自分のできること）

_____ .

(2)（友達のできること：名前から始めます）

_____ .

Test ❸ 総合的な英語力を計るテスト

番_____ 名前_____

【知識・技能】

1．次の英語の意味を（　　　　）に日本語で書きましょう。

(1) bread 　（　　　　　　）　　(2) rice 　（　　　　　　　）

(3) juice 　（　　　　　　）　　(4) salad 　（　　　　　　　）

(5) soup 　（　　　　　　）　　(6) tea 　（　　　　　　　）

(7) sister 　（　　　　　　）　　(8) brother 　（　　　　　　　）

(9) kind 　（　　　　　　）　　(10) great 　（　　　　　　　）

【思考・判断・表現】

2．次の英語のことばを並べ替えて，日本語に合う文にしましょう。（文の初めの語は，大文字に変えて書きましょう）

(1)「彼女はテニスがじょうずです。」

| well | play | can | she | tennis |

....

_____ .

(2)「カレーライスはおいくらですか。」

| much | is | curry and rice | how |

....

_____ ?

3．次の質問の答えを英語で書きましょう。

(1) Who is your hero?

....

_____ .

(2) What would you like? （レストランでのことを思い起こして）

....

_____ .

　第6学年の総合的な英語力を計るワークシート・テストは，各学期末に子ども達が学期内に学んだことが，どの程度身に付いているかを確認するもので，それぞれの単元でのワークシート・テストを学期ごとに集約し，❶は一学期末，❷は二学期末，❸は三学期末に行うように配置している。

解答・解説

Test ❶総合的な英語力を計るテスト（自己紹介，職業，性格など）

解答　1．(1)ブラジル　(2)インド　(3)イタリア　(4)アメリカ　(5)子どもの日
(6)七夕　(7)夏　(8)冬　(9)医者　(10)コメディアン

　2．(1)大谷翔平　(2)野球　(3)岩手　(4)チョコレート，ステーキ，寿司

　3．He is good at cooking.

　4．（例）We can see fireworks.

解説　ここでは，自己紹介，日本紹介，職業，性格に関して学んだことについて確認する。特に自己紹介は5年生でも学んでいるが，6年生では特に「読むこと」「書くこと」までも確認しておきたい。

Test ❷総合的な英語力を計るテスト（夏休みの思い出，町紹介など）

解答　1．(1)山　(2)海　(3)川　(4)キャンプ　(5)体育祭　(6)遠足　(7)音楽祭
(8)思い出

　2．(1)ate　(2)saw　(3)played　(4)enjoyed

　3．(1)長野　(2)リンゴ　(3)多くの山々　(4)スキー

　4．（例）I want to watch table tennis.

解説　ここでは，夏休みの思い出，スポーツ観戦，町紹介，小学校の思い出と，多くの学習内容を学んでいる。したがって，多くの語彙や表現を定着させようとは思わずに，将来に渡って使用される語彙や表現に限定して定着させる方法も考えられる。

Test ❸総合的な英語力を計るテスト（将来の夢，中学校生活など）

解答　1．(1)宇宙飛行士　(2)パン屋　(3)客室乗務員　(4)看護師　(5)芸術家
(6)ブラスバンド部　(7)コーラス部　(8)バレーボール部　(9)科学部　(10)野球部

　2．英語クラブに入りたい。英語の演劇に参加したい。一生懸命英語を勉強する。

　3．What event do you want to enjoy?

　4．（例）I want to be a teacher.

解説　ここでは，将来の夢と中学校生活に関して学んだことを確認する。最終段階として，小学校での外国語活動と外国語で学んだすべての集大成として，まとめ問題をしてもよい。

第6学年

Test ❶ 総合的な英語力を計るテスト

番＿＿＿＿＿ 名前＿＿＿＿＿＿＿＿＿

【知識・技能】

１．次の英語の意味を（　　　　）に書きましょう。

(1) Brazil　　　　（　　　　　　） (2) India　　　（　　　　　　）

(3) Italy　　　　（　　　　　　） (4) the U.S.　（　　　　　　）

(5) Children's Day（　　　　　　） (6) Star Festival（　　　　　）

(7) summer　　　（　　　　　　） (8) winter　　（　　　　　　）

(9) doctor　　　（　　　　　　） (10) comedian　（　　　　　　）

【思考・判断・表現】

２．次の英語を読んで，分かったことを（　　　　）に日本語で書きましょう。

Do you know Otani Shohei?

He is a baseball player.　He is from Iwate.

His favorite foods are chocolate, steak, and sushi.

He is great.

(1)誰についてのスピーチですか。　　　（　　　　　　　　　　　　　）

(2)彼は何のスポーツの選手ですか。　　（　　　　　　　　　　　　　）

(3)彼はどこの出身ですか。　　　　　　（　　　　　　　　　　　　　）

(4)彼の好きな食べ物は何ですか。　　　（　　　　　　　　　　　　　）

３．次の英語のことばを並べ替えて，日本語に合う文にしましょう。（文の初めの語は，大文字に変えて書きましょう）

「彼は料理が得意です。」

| is | cooking | at | he | good |

＿＿＿＿＿＿＿＿＿＿＿＿＿＿＿＿＿＿＿＿＿＿＿＿＿＿＿＿＿＿＿＿＿＿＿＿

＿＿＿＿＿＿＿＿＿＿＿＿＿＿＿＿＿＿＿＿＿＿＿＿＿＿＿＿＿＿＿＿＿＿＿＿．

４．夏にできることを，We から始める英文で書きましょう

We ＿＿＿＿＿＿＿＿＿＿＿＿＿＿＿＿＿＿＿＿＿＿＿＿＿＿＿＿＿＿＿＿＿．

Test ❷ 総合的な英語力を計るテスト

番_____ 名前_____

【知識・技能】

1. 次の英語の意味を（　　　　）に書きましょう。

(1) mountain 　（　　　　　　）　(2) sea 　　　　（　　　　　　　）
(3) river 　　　（　　　　　　）　(4) camping 　（　　　　　　　）
(5) sports day 　（　　　　　　）　(6) school trip 　（　　　　　　　）
(7) music festival 　（　　　　　　）　(8) memory 　（　　　　　　　）

2. 例を参考に，四線に適する語を書きましょう。

（例）　go 　　（ went ）

(1) eat 　_____　(2) see 　_____

(3) play 　_____　(4) enjoy 　_____

【思考・判断・表現】

3. 英語を読んで，分かったことを（　　　　）に日本語で書きましょう。

Welcome to Nagano.
It's famous for apples.
We have many mountains.
We can enjoy skiing.

(1)どこの紹介ですか。　　　　　　　（　　　　　　　　　　　　）
(2)そこは何で有名ですか。　　　　　（　　　　　　　　　　　　）
(3)そこには何がありますか。　　　　（　　　　　　　　　　　　）
(4)そこでは何を楽しむことができますか。（　　　　　　　　　　　　）

4. あなたが見たいスポーツについて，I から始まる文を英語で書きましょう。

_____
_____.

Test ❸ 総合的な英語力を計るテスト

番＿＿＿＿＿＿ 名前＿＿＿＿＿＿＿＿＿

【知識・技能】

1．次の英語の意味を（　　　　）に書きましょう。

(1) astronaut 　（　　　　　　） (2) baker 　（　　　　　　　　）

(3) fright attendant （　　　　　　） (4) nurse 　（　　　　　　　　）

(5) artist 　（　　　　　　） (6) brass band （　　　　　　　　）

(7) chorus 　（　　　　　　） (8) volleyball team （　　　　　　）

(9) science club （　　　　　　） (10) baseball team （　　　　　　）

【思考・判断・表現】

2．英語を読んで，分かったことを［　　　］にまとめましょう。

　　Hello, everyone.

　　I want to join the English club.

　　I want to join English drama.

　　I want to study English very hard.

　　Thank you.

（分かったこと）

3．次の英語のことばを並べ替えて，日本語に合う文にしましょう。（文の初めの語は，大文字に変えて書きましょう）

「あなたは何の行事を楽しみたいですか。」

| event | enjoy | you | what | to | want | do |

＿＿＿＿＿＿＿＿＿＿＿＿＿＿＿＿＿＿＿＿＿？

4．あなたの将来の夢について，I から始まる文を英語で書きましょう。

＿＿＿＿＿＿＿＿＿＿＿＿＿＿＿＿＿＿＿＿＿．

【著者紹介】

菅 正隆（かん まさたか）

大阪樟蔭女子大学教授。児童教育学部学部長。岩手県北上市生まれ。大阪外国語大学卒業後，大阪府立高等学校教諭，大阪府教育委員会指導主事，大阪府教育センター主任指導主事，文部科学省初等中等教育局教育課程課教科調査官・国立教育政策研究所教育課程研究センター教育課程調査官を経て，2009年４月より現職。文部科学省教科調査官時代，日本初の小学校外国語活動導入の立役者。英語授業研究学会理事。

著書に，『指導要録記入例＆通知表文例が満載！小学校外国語新３観点の評価づくり完全ガイドブック』『指導要録記入例＆通知表文例が満載！小学校外国語活動新３観点の評価づくり完全ガイドブック』『日々の授業から校内研修・研究授業までフルサポート！小学校外国語活動・外国語授業づくりガイドブック』，『小学校 外国語活動 "Let's Try! 1＆2" の授業＆評価プラン』，『小学校 外国語 "We Can! 1" の授業＆評価プラン』，『小学校 外国語 "We Can! 2" の授業＆評価プラン』，『アクティブ・ラーニングを位置づけた小学校英語の授業プラン』，『成功する小学校英語シリーズ ３年生からできる！モジュールを取り入れた外国語活動 START BOOK』（以上，明治図書），『平成29年改訂 小学校教育課程実践講座 外国語活動・外国語』（ぎょうせい）等多数。

新３観点対応の106の実例を収録！小学校外国語
ワークシート＆テストづくり完全ガイドブック

2020年９月初版第１刷刊 Ⓒ著 者 菅　　　正　　　隆
発行者 藤　原　光　政
発行所 明治図書出版株式会社
http://www.meijitosho.co.jp
（企画）木山麻衣子 （校正）丹治梨奈
〒114-0023　東京都北区滝野川7-46-1
振替00160-5-151318　電話03(5907)6702
ご注文窓口　電話03(5907)6668

＊検印省略　　　　　　組版所 藤　原　印　刷　株　式　会　社

Printed in Japan　　　　　　ISBN978-4-18-353413-2
もれなくクーポンがもらえる！読者アンケートはこちらから →